「差別はいけない」とみんないうけれど。

綿野恵太

平凡社

目次

まえがき
――みんなが差別を批判できる時代

アイデンティティからシティズンシップへ

本書は『「差別はいけない」とみんないうけれど。』と題されている。誤解されても困るので、まず最初に本書の立場を示しておこう。「差別はいけない」というのが大前提である。オフィスやキャンパスでセクハラをしてはならないし、朝鮮人にたいするヘイトスピーチ（差別表現）をネットに書き込んではならない。そして、このような考えはほぼ常識化しており、みんなが「差別はいけない」という時代になりつつあるといっていい。

しかし、世の中には「差別はいけない」ということに反発・反感を覚えるひとも一定数存在する。本書はそのような反発・反感には、それなりの、当然の理由があると考える。セクハラやヘイトスピーチが跡を絶たないのは、「差別はいけない」と叫ぶだけでは解決できない問題がその背景にあるからである。本書は、彼／彼女らの反発を手がかりにして、差別が生じる政治的・経済的・社会的な背景に迫っていきたい。本書のタイトル『「差別はいけない」とみんないうけれど。』にはそんな意味が込められている。

「ポリティカル・コレクトネス」という言葉が本書のキーワードとなる。「差別はいけない」という考えに強く反発するひとびとは、しばしばこの「ポリティカル・コレクトネス」（もしくは略して「ポリコレ」、「PC《ピーシー》」）を憎々しげに使うからだ。ドナルド・トランプ大統領が誕生したアメリカ大統領選（二〇一六年一一月）で初めて耳にしたひとも多いだろう。「ポリティカル・コレクトネス」に反発したひとびとが、トランプの勝利を後押しした、とたびたびニュースで解説された。「ポリティカル・コレクトネス」については第一章で詳しく説明するが、ここでは「みんなが「差別はいけない」と考え、あらゆる差別を批判する状況」のことだとしておこう。

ハリウッド映画プロデューサーのハービー・ワインスタインの性暴力・セクハラにたいする告発から始まった#MeToo運動、日本の女性新聞記者への財務省事務次官によるセクハラ発言、杉田水脈《みお》衆議院議員によるLGBT生産性発言と掲載誌『新潮45』の休刊、ジャーナリスト広河隆一による性暴力にたいする告発と『DAYS JAPAN』の休刊……。ここ数年で起こった差別にかんする騒動の一部だ。「セクハラ」や「ヘイトスピーチ」問題がテレビで大々的に取り上げられ、インターネットで炎上するのは、いまや見慣れた光景となっている。まさにみんなが差別を批判できる、「ポリティカル・コレクトネス」の時代が到来している。本書は、みんなが差別を批判できる時代を基本的には望ましいとしながらも、いっぽうでいくつかの問題点があると考えている。これが、本書のタイトル『「差別はいけない」とみんないうけれど。』に込められたもうひとつの意味である。

実は、みんなが差別を批判できるようになったのは、つい最近のことなのだ。かつては差別を受けた当事者（被差別者）だけが差別を批判できる、という考えが支配的であった。この変化は、単に「差別はいけない」という考えがひろく世間に浸透したからではない。差別を批判する言説に大きな転換があったためである。その転換は「アイデンティティ」から「シティズンシップ」へ、とまとめることができる。この「まえがき」では、「差別はいけない」という反差別言説には、「アイデンティティ」と「シティズンシップ」というふたつの論理があることを示しつつ、本書全体の構成を説明したいと思う。

「足を踏んだ者には、踏まれた者の痛みがわからない」という有名な言葉がある。差別は差別された者にしかわからない、という意味だ。いくら想像力を働かせたとしても、踏まれた他者の痛みは直接体験できない。だから、当事者（被差別者）以外の人間が批判の声をあげたとしても、当事者にたいして引け目を感じざるをえないはずだ。痛みを直接体験できない人間は正しく差別＝足の痛みを理解しているのか、みずからに問いかけ続けるしかないからである。しかし、ここ数年の炎上騒動において状況はあきらかに異なっている。ひとびとは、自分は本当に差別をしていないか、と省みることなく、差別者を批判している。ここに、差別を批判するロジックが「アイデンティティ」から「シティズンシップ」にかわったことが見てとれる。

差別は特定の人種、民族、ジェンダー、性的指向や障害などを持つ人間を不当に扱う行為である。また、差別は個人が所属する社会的カテゴリーにたいする偏見から生じる。これら不当に扱われるアイデンティティ（帰属性）を持つ集団が、社会的地位の向上や偏見の解消を目指す政治運動をアイデンティティ・ポリティクスと呼ぶ。たとえば、フェミニズムは家庭に閉じ込められていた女性の社会進出をうながし、「女性は感情的だ」とか「母性本能」といった男の偏見にたいして闘ってきた。

「足を踏んだ者には、踏まれた者の痛みがわからない」とは、マイノリティがマジョリティにたいして、しばしば非難の意味を込めて向ける抗議であり、論理である。たとえば、筆者はヘテロ日本人男性だが、「在日朝鮮人やゲイの苦しみがわかるか」と問われれば、やはり「わからない」と答えるしかない。アイデンティティをそう簡単に取りかえることはできないからだ。杉田水脈の「LGBTは生産性がない」発言を取りあげると、杉田を本来批判できるのは、性的マイノリティの当事者だけということになる。それ以外の人間は直接的・間接的に差別に加担しているかもしれないからである。しかし、この事例では、周囲の人間たちは実に雄弁で、当事者以上に前面に出て杉田の発言を批判していたように思われる。

アイデンティティの論理ではなく、シティズンシップの論理が差別やセクハラの炎上騒動の背景となっている。それは、当事者／非当事者を問わず、ひとりの「市民」として差別を批判する立場である。ヘイトスピーチを例に出して見てみよう。

二〇〇九年ごろから、「朝鮮人を殺せ！」といった差別表現を叫びながら、コリアンタウンである東京・新大久保や大阪・鶴橋をデモする団体が登場し、社会問題化した。最も知られるのが在特会（在日特権を許さない市民の会）で、二〇一〇年には京都の朝鮮学校のまえで街宣をおこない、メンバー四人が逮捕されている。このようなヘイトスピーチにたいして、マイノリティである在日朝鮮人・韓国人など当事者にくわえ、マジョリティである日本人側からも、在特会のデモ行動や排斥的・差別的言動を阻止しようとカウンター活動が活発化した。人種や民族や国籍にかんする差別的言動を禁じるヘイトスピーチの規制を求める声があがり、二〇一六年にヘイトスピーチ解消法（「本邦外出身者に対する不当な差別的言動の解消に向けた取組の推進に関する法律」）が成立・施行された。

アイデンティティ・ポリティクスを規準にすれば、在特会を批判できるのは、そのヘイトスピーチの対象となっている在日朝鮮人らだけである。では、どのようなロジックで日本人は、日本人による在日朝鮮人らにたいするヘイトスピーチを批判したのか。対レイシスト行動集団C.R.A.C.（前身団体「レイシストをしばき隊」）を結成した野間易通《やすみち》は、アメリカの政治哲学者ジョン・ロールズの「秩序ある社会」、そして「公正としての正義」を目指したと述べている。[*1]

ここでは、同じくロールズに依拠しながら、ヘイトスピーチ規制法の必要性を訴えているアメリカの法学者ジェレミー・ウォルドロンを見てみよう。ウォ

1・野間易通『実録・レイシストをしばき隊』河出書房新社、二〇一八年、三三〇頁

ルドロンはヘイトスピーチ規制法が保護するものについて次のように述べている。

ヘイトスピーチを規制する立法が擁護するのは、（あらゆる集団のあらゆる成員のための）平等なシティズンシップの尊厳である。そしてそれは、（特定の集団の成員についての）集団に対する名誉毀損が市民から成る何らかの集団全体の地位を傷つける危険があるときには、集団に対する名誉毀損を阻止するためにできることをするのである。[*2]

ここで重要なのは、法が守るのは「平等なシティズンシップの尊厳」であるということだ。この文の前の箇所では、尊厳とは「集団の個々の成員」の「尊厳」なのであって、「集団そのものの尊厳や、集団をまとめる文化的または社会的構造の尊厳[*3]」ではないと注意をうながしている。つまり、尊厳とは「市民」の尊厳であって、民族や人種といったアイデンティティの尊厳ではないのである。

野間とウォルドロンの両者がロールズに依拠するのは、ロールズがあらゆる

2・ジェレミー・ウォルドロン『ヘイト・スピーチという危害』谷澤正嗣＋川岸令和訳、みすず書房、二〇一五年、七二頁
3・ウォルドロン『ヘイト・スピーチという危害』七一頁

社会的アイデンティティにかかわらない正義を考えたからだ。『正義論』においてロールズは、ひとびとが正義の原理を選択する際に、「誰も社会における自分の境遇、階級上の地位や社会的身分」や「もって生まれた資産や能力、知性、体力[*4]」などがまったくわからない状態＝「無知のヴェール」に覆われた状態を想定した。ここで注意すべきは、あらゆるアイデンティティが「無知のヴェール」に覆い隠されることだ。

「市民」であれば、だれもが差別を批判できる。これがシティズンシップの論理である。差別やパワハラの炎上騒動で当事者以外の人間がとても雄弁だったのは、この正義を前提にしているからだ。

シティズンシップの論理であれば、アイデンティティ・ポリティクスが持つ問題点も避けることができる。「足を踏んだ者には、踏まれた者の痛みがわからない」という言葉をもう一度考えてみよう。重要なポイントは「足を踏む」という比喩である。「殴る」や「蹴る」は意図的な行為だが、「足を踏む」は意図的とはかぎらない。だれしも電車のなかで無意識に他人の足を踏んでしまった経験があるだろう。自分が踏んでいたことに気づかなかったこともあったかもしれない。そのような行為が差別の比喩として用いられている。差別かどう

4・ジョン・ロールズ『正義論』川本隆史ほか訳、紀伊國屋書店、二〇一〇年、一八頁

かを決めるのは特定のアイデンティティを持つ当事者だ。たとえ、反差別運動に積極的にコミットしているひとであっても、いくらそのひとが意図したわけではなかったとしても、差別とみなされる可能性がある。

差別者と被差別者のあいだには差別をめぐっていちじるしい認識のギャップがある。反差別運動は、たとえ差別する意図がなかったとしても、差別者には責任があるという考えを前提としてきた（「第六章　差別は意図的なものか」）。差別を理解できない人間にとって、自身の差別を批判されることは、いわれのない言いがかりを受けているようにしか思えない。自分は差別していると思っていないのに、おまえは差別していると批判されるからだ。それが昂じると、自分がマジョリティであるというだけで差別だと非難されるのか、と間違った被害者意識を持つ者が出てくる。アイデンティティ・ポリティクスはマイノリティによる反差別運動だった。しかし、いま反ポリコレを訴えるマジョリティによるアイデンティティ・ポリティクスが登場しつつある理由はここにある（「第一章　ポリティカル・コレクトネスの由来」）。

アイデンティティの論理を前提とすると、いくら反差別運動に献身的にコミットしたとしても、差別に問われる可能性がある。先ほど説明した野間のカウンター団体も、日本人男性が中心のメンバーだったため、「日本人ばかりではないか、朝鮮人差別だ」「女性が少ないではないか、男性中心主義だ」と批判が集まったという。しかし、野間は、そのような批判は運動を停滞させるだけだとして、アイデンティティ・ポリティクスを運動の原理に据えなかったことに積極的な価値を感じているようだ。たしかに野間が指摘するとおり、アイデンティティの論理はしばしば運動内部に亀裂や対立をもたらしてしまう。当事者・非当事者にかかわらず、広範なかたちで反差別運動をつくるためには、やはりシティズンシップに基づいた考え方が必要となる。

シティズンシップの論理は、非当事者をふくめたみんなが差別を批判できる状況をつくった。しかし、いっぽうで差別批判を「炎上」という娯楽にしてしまったといえる。インターネットだけでなく、週刊誌・ワイドショーで消費される格好のネタになった。ここ数年の炎上騒動は、差別者を一方的に悪者に仕立て上げる傾向がある。それが可能なのは、みんなが自身が持つ差別性を問われることなく、安心して差別者を糾弾できるからだ。そのため、差別の原因や背景などが考察されないまま、どのような社会的制裁を受けるか・与えるかばかりに注目が集まり、そして新たな差別者の告発に躍起になる。しかし、本当に差別者だけが悪なのか。私たちだけが善なのか。シティズンシップの論理は、もしかしたら差別をしているかもしれない、とみずからに問いなおすこと、差別とは何か、と考えるきっかけを失わせている。

スケープゴートとは、みずからの罪を償うために、一匹の山羊に罪をかぶせて荒野に放つ宗教的儀式のことだが、いま目のまえで繰り広げられているスケープゴートでは、私たちが犯しているかもしれない罪＝責任を、差別者たちに背負わせて追放しているかのようだ。差別者を糾弾し断罪するだけでは差別はなくならないし、みんなで差別者を排除することで、抽象的な理念にとどまりがちな「市民」に、「私たちは差別者ではない、同じ市民である」という「同質性」をなんとかして確保し、「市民」としての結束を高めようとする儀式に成り果てている（「第五章　合理的な差別と統治功利主義」、「第六章　差別は意図的なものか」）。繰り返すが、本書は、みんなが差別を批判できる時代は望ましいという立場をとるが、スケープゴートというかたちで、差別批判が「炎上」として消費されることには抵抗したい、本書はその抵抗のための手がかりになりたい、と考えている。

アイデンティティとシティズンシップ。このふたつの論理ははっきりと区別されるわけではない。反差別運動においてときには協働し、ときには対立してきた。本書では、みんなが差別を批判できる時代の問題点をさらに考えていくために、アイデンティティとシティズンシップというふたつの反差別のロジックをもう少し細かく検討したい。その特徴を簡単にまとめると下の図のようになる。

反差別のロジック	政治思想	主体	他集団との関係	集団内	差別を批判できるのは
アイデンティティ	民主主義	集団	差異化	同質性	被差別者（特定のアイデンティティ）
シティズンシップ	自由主義	個人	同化	多様性	みんな（市民たる自覚あるもの）

この整理は、ドイツの法学者カール・シュミット（一八八八－一九八五）の理論によっている。[*5] いま私たちは選挙で政治家を選び、政治家たちが国会で議論し法律を制定し、議会で首相が選ばれる政治制度のもとで暮らしている。私たちはこの政治制度をリベラル・デモクラシーと漠然と呼んでいる。しかし、シュミットは、ここには「自由主義」と「民主主義」というふたつの政治システムが組み合わさっていると指摘する。詳しくは第一章で述べるが、シュミットによる「自由主義」と「民主主義」のちがいについて触れておこう。

シュミットによれば、「自由主義」とは「討論による統治」[*6]を信念としているという。シュミットは、自由主義の特徴として次の三つをあげている。

一、「諸権力」が討論し、そのことを通じて共通に真理を求めるよう、つねにしむけられていること、

二、すべての国家生活の公開性が、「諸権力」を市民の統制のもとにおいていること、

三、出版の自由が、市民をして、自らの真理を求め、それを「権力」に向かって発言するように促していること[*7]

5・カール・シュミット『現代議会主義の精神史的状況』樋口陽一訳、岩波文庫、二〇一五年。また、「自由主義」と「民主主義」の観点から差別を読み解いた先駆的な著作として、絓秀実『「超」言葉狩り宣言』太田出版、一九九四年

6・シュミット「議会主義と現代の大衆民主主義との対立」『現代議会主義の精神史的状況』樋口陽一訳、岩波文庫、一三九頁

7・シュミット『現代議会主義の精神史的状況』三六頁

討論をおこなうためには、「公開性」がなければならない。[*8] 議会でどのようなことが議論されているか、市民は知らなければならないし、市民がどんな考えを持っているか、を公表できなければならない。そのためには「言論の自由、出版の自由、集会の自由、討論の自由」[*9] も必要となってくる。また、議会だけでなく、複数の権力機関が「討論」しなければならないという考えから、立法権、行政権、司法権がそれぞれ抑制し合うという三権分立の考えが生まれてくる。「多様」な意見を持った「個人」が「市民」として討議するのが自由主義である。いっぽうで、シュミットは、民主主義の特徴として「同一性」をあげている。

治者と被治者との、支配者と被支配者との同一性、国家の権威の主体と客体との同一性、国民と議会における国民代表との同一性、[国家とその時々に投票する国民との同一性]、国家と法律との同一性、最後に、量的なるもの（数量的な多数、または全員一致）と質的なるもの（法律の正しさ）との同一性、である。[*10]

8・シュミット『現代議会主義の精神史的状況』三八頁
9・シュミット『現代議会主義の精神史的状況』三八頁
10・シュミット『現代議会主義の精神史的状況』二三頁

また、シュミットによれば、「同一性」を担保とする民主主義は、同じ民族である、同じ言語を使うといった「同質性」が必要となる。そして、その「同質性」を保つためには、「必要があれば、異質なるものの排除あるいは殲滅《せんめつ》が必要である」とさえいわれている。[*11]

また、この自由主義と民主主義は平等をめぐっても異なる考え方を示す。シュミットによれば、あらゆる人間は平等であるという人権思想は自由主義的である。しかし、絶対的な人間の平等は、「概念上も実際上も、空虚などうでもよい平等[*12]」であるために、経済という「政治上の外見的平等のかたわらで、実質的な不平等が貫徹しているような別の領域[*13]」を生んでしまう。たいして、民主主義は「国民としての同質性[*14]」があるために、一国内にかぎられるとはいえ、「国籍を有するものの範囲内では相対的にみて広汎な人間の平等[*15]」を実現する。

さて、シュミットの「自由主義」と「民主主義」の区別を踏まえると、アイデンティティとシティズンシップという反差別言説のふたつのロジックは次のように整理できる。アイデンティティ・ポリティクスとは、社会的不利益を被《こうむ》

11・シュミット『現代議会主義の精神史的状況』一三九頁
12・シュミット『現代議会主義の精神史的状況』一四四―一四五頁
13・シュミット『現代議会主義の精神史的状況』一四六頁
14・シュミット『現代議会主義の精神史的状況』一四五頁
15・シュミット『現代議会主義の精神史的状況』一四五頁

っているアイデンティティを持つ集団が結束して社会的地位の向上を目指す政治運動だった。たとえば、黒人という人種、女性という性別、朝鮮人という民族といったさまざまなアイデンティティに基づいた政治運動が存在するが、しかし、それらはすべてアイデンティティの「同質性」をもとにしているために、シュミットの区分にしたがえば、民主主義に属するものといえる。

いっぽうでシティズンシップの論理は、あるアイデンティティを持った「集団そのものの尊厳」ではなく、「平等なシティズンシップの尊厳」を守るものであった。つまり、シティズンシップの論理では、「市民」という「個人」の権利が重視されている。そして、シュミットの区分にしたがえば、個人の権利、人権もまた自由主義的な考えであった。しかし、ここで注意すべきなのは、シュミットは「自由主義的な個人意識と民主主義的な同質性」は「克服できない対立[*16]」であると述べていることだ。これから現在の政治状況を見ていくが、シュミットの指摘は正しいように思われる。アイデンティティとシティズンシップの論理もまた「克服できない対立」なのである（「第二章 日本のポリコレ批判」参照）。

このように整理すると、反差別言説がアクチュアルな政治問題と深くかかわ

16・シュミット『現代議会主義の精神史的状況』一五四頁

っていることがわかる。現在、先進諸国では移民排斥を訴える極右勢力の台頭がいちじるしい。これらの運動は単なる「ポリティカル・コレクトネス」への反発なのではない。KKK（クー・クラックス・クラン。アメリカの人種差別主義的秘密組織）や在特会といった排外主義は、実はアイデンティティ・ポリティクスをおこなっているのだ。白人や日本人の誇りを取り戻そうとする運動だからだ。彼らは「逆差別」という言葉を用いて、マジョリティである私たちが逆にマイノリティによって虐げられている、と主張する。もちろん、両者でその主張内容は大きく異なるが、在特会といった日本人による排外主義は、形式面においては在日朝鮮人のアイデンティティ・ポリティクスとまったく同じことをしているのである。

たとえば、ＥＵ諸国ではＥＵが加盟国にたいして社会保障費や公共事業費の削減などを求める緊縮財政政策への反発が起こっている。社会福祉の充実などを掲げて、ＥＵに奪われている国家の主権を取り戻し、あらためて自国に民主主義を取り戻そうとする反緊縮運動が起こっているのである。ギリシャ債務危機後に政権を獲得した「シリザ」や、左派ポピュリズムの成功例としてしばしば言及されるスペインの「ポデモス」、二〇一八年に政権を獲得したイタリアの「五つ星運動」などが反緊縮政策を掲げる政党として知られている。ここで、シュミットの自由主義と民主主義の観点に立てば、このような反緊縮運動と排外主義的なアイデンティティ・ポリティクスとのかかわりが見えてくる。

まずEUが進める経済の自由化は自由主義的な政策である。EUにたいする反緊縮運動は民主主義的な傾向を持つ。シュミットによれば、経済とは自由主義の最たるものであり、「政治上の外見的平等のかたわらで、実質的な不平等が貫徹しているような別の領域」であった。これにたいして民主主義は「国籍を有するものの範囲内では相対的にみて広汎な人間の平等」を実現する。つまり、経済格差の是正を求める運動は民主主義的なのである。

しかし、いっぽうで、民主主義は「同質性」を必要とする。同じ文化や言語を共有する民族が、民主主義の「同質性」の担保となる場合が多い。たとえばEUによるシリア内戦の難民受け入れ政策は、あらゆる人間に人権があるという発想のもと、市民の多様性を重視する政策である点で自由主義である。しかし、このような難民の受け入れは、民主主義の「同質性」を危うくするものである。シュミットの定義によれば、民主主義はその「同質性」を保つために「異質なるものの排除あるいは殲滅が必要であ」ったことを思い出そう。そのため、EUの政策に反対する運動からは、民族の「同質性」を保つために「移民」を排除する傾向がどうしても生まれてくる。先に指摘した、マジョリティによるアイデンティティ・ポリティクスが台頭するのである。移民排斥と格差是正を求めることはともに民主主義の帰結なのである。

まとめると、自由主義的（反民主主義的）で多様性を標榜するEUと、移民排斥を訴え、民族の同質性を志向する、民主主義（反自由主義的なもの）との対立ということになる。このような観点からすれば、反緊縮運動の困難さを指摘することができる。反緊縮運動ではEU各国の運動が国境を越えて連帯することの必要性が説かれるが、経済格差の是正（同質性）を求める運動が民主主義的であるかぎりにおいて、移民排斥をとなえる排外主義も台頭するのである。EUの緊縮政策や移民政策に反発し、国民投票でEUからの離脱を決定したイギリスや、反緊縮政策を掲げる「五つ星運動」が反移民を掲げる極右政党の「北部同盟」と連立政権を組んだイタリアなどの事例が、反緊縮運動の困難さを象徴している。

そして、問題はそのような排外主義的な運動が、「ポリティカル・コレクトネス」への反発というかたちをとることである。いま現在「ポリティカル・コレクトネス」と呼ばれるシティズンシップの論理は、上流階級の道徳、つまり「ブルジョワ道徳」とみなされる傾向があるからだ。これには性表現や差別表現の規制にかんして「ハラスメント」という考えが重要な役割を果たしてきたことが関連している。

第三章で説明するが、アメリカでは性表現や差別表現にたいして法的規制はされてこなかった。アメリカ合衆国憲法修正第一条で、「表現の自由」を妨げる法律を制定することを禁止しているからだ。しかし、いっぽうで、企業や大学においては性表現や差別表現は「レイシャル・ハラスメント」（人種的ハラスメント）や「セクシャル・ハラスメント」として禁止されてきた。先に紹介したウォルドロンは、ヘイトスピーチを禁止する法律を、キャンパスやオフィスで実施されている「ハラスメント」の禁止規定を社会全体に広げたものだととらえている。

「ハラスメント」規制がすでに実施されている大学や企業に勤める人間からすれば、ヘイトスピーチを禁止する法整備は当然のこと、あたりまえのことのように思われる。しかし、大学や企業と無縁な貧しいひとびとからすれば、このような「ポリティカル・コレクトネス」の普及はどう見えるだろうか。上流階級の道徳にしか見えないのではないか。経済格差の是正を求める民主主義的な運動において、排外主義的な傾向だけでなく、「ポリティカル・コレクトネス」に反発する傾向があるのはこのような理由による。

さて、アイデンティティ〔民主主義〕とシティズンシップ〔自由主義〕の対立、という本書のおおまかな見取り図は示すことができたと思う。最後に本書の構成について、簡単に触れておこう。すでにいくつか言及したが、みんなが差別を批判できる時代の問題点を考えるために、以下の問題を論じたい。

❖第一章　ポリティカル・コレクトネスの由来

「ポリコレ」と呼ばれているものの歴史的由来は、意外に知られていない。この言葉は、一九九〇年代以前は、アメリカのフェミニズムや黒人運動の内部で、階級闘争を目指し共産党＝前衛党を支持する古い左翼を皮肉った表現として用いられていたが、九〇年代初頭、保守派によるリベラルな価値観や教育を攻撃する言葉として転用されるようになる。「ポリコレ」という言葉が登場した背景には、冷戦終結後の民族主義の台頭に直面した多民族国家アメリカの危機感があったことを、哲学者のアラン・ブルームやリチャード・ローティ、歴史学者のアーサー・シュレージンガーらの言説から指摘したい。

❖ 第二章　日本のポリコレ批判

アメリカの「ポリコレ」をめぐるブルームやローティらの議論は、日本の言論においてだれの主張に相当するだろうか。本書では評論家の内田樹《たつる》『ためらいの倫理学』が、「ポリコレ」批判の典型的な言説だと考えている。くわえて文芸批評家の加藤典洋『敗戦後論』をめぐる哲学者の高橋哲哉らとの論争（歴史主体論争）、朴裕河《パクユハ》『帝国の慰安婦』をめぐる論争を、アイデンティティとシティズンシップの観点から再解釈し、このふたつの論理が「克服できない対立」にあることを示す。

❖ 第三章　ハラスメントの論理

いま私たちが「ポリティカル・コレクトネス」と呼ぶ言説は、ブルームや内田樹が批判した言説とはあきらかに異なっている。現在の反差別言説であるシティズンシップの論理において、「セクシャル・ハラスメント」「レイシャル・ハラスメント」といった「ハラスメント」という考えが重要な役割を果たしている。

なぜ「ハラスメント」が性表現や差別表現を規制する根拠になったのか。弁護士のキャサリン・マッキノンによるポルノグラフィ規制論にまでさかのぼって考えたい。

❖ 第四章　道徳としての差別

近年、発展の目覚ましい認知心理学や行動経済学において、人間の生物学的・進化的特性があきらかになってきている。人間本性にかんする新しい知見は、「差別はいけない」という考えが一般的になった現在においても、差別が一向になくならない理由を教えてくれる。人間は論理的な思考があまり得意ではなく、偏見やステレオタイプを免れない傾向があることがわかっている。しかし、そのいっぽうで、人種間や男女間の生得的なちがいを示す科学的な知見が、マジョリティによるアイデンティティ・ポリティクスによって、市民という理念（シティズンシップの論理）の空虚さを暴露することに悪用されている現状を指摘する。

❖ 第五章　合理的な差別と統治功利主義

近年、ファクトやエビデンスに基づかないフェイクニュースが社会問題化した。そのような差別的言説の多くが、読者に真実と思い込ませるために黙説法《もくせつほう》や言い落としといったレトリックを多用する傾向がある。しかし、将来より問題になると予想されるのは、ファクトやエビデンスに基づいた差別的言説であることを指摘する。ここで重要なのは、差別的であることと合理的であることはまったく別だという認識を持つことである。また、認知心理学などの人間本性の新しい知見は、近代リベラリズムが理想とした「自律」的な「個人」という人間像を覆しつつある。個人の「自律」に期待しても叶わないので、周囲の環境を介して、パターナリスティックに個人の行動に（知らぬ間に）介入し、よりましな行動を導こうとする「ナッジ」という手法を使った「アーキテクチュア」による「統治」が近年存在感を増しつつある。人種間や男女間のちがいを示す科学的な知見は、市民という理念の空虚さを暴露するだけでなく、このような「アーキテクチュア」による「統治」を導く危険性があることを示す。

❖ 第六章　差別は意図的なものか

「足を踏んだ者には、踏まれた者の痛みがわからない」という表現が示唆するのは、足を踏んだ側（差別者）と踏まれた側（被差別者）の認識にギャップがある、ということだ。しかし、人間は、みずからの意志によらない行為の責任をとれるだろうか。近代法の理念では、人間（成人）は原則的に自由意志の主体であり、主体は行為を選択できるので、その選択の結果生じる事態に責任を持つとされる。しかし、差別においてこのような想定は成り立たないのではないか。差別においては、行為者の意図とかかわりなく、行為の結果によって責任があるかどうか判定されるからだ。このような責任理論は、「内なる差別」という言葉に象徴される、あたかも宗教的な罪があるかのような、差別にたいする責任の過度な内面化を生む。そして、このような責任理論もまた、マジョリティによるアイデンティティ・ポリティクスに悪用されており、差別主義者も反差別主義者も互いの「責任」を追及し合うという現状に陥っている。「ポリティカル・コレクトネス」が持つ息苦しさやうっとうしさはこの責任の問題に起因する。

❖ 第七章　天皇制の道徳について

二〇一九年五月に新天皇が即位したが、平成における象徴天皇制にたいしては、しばしばその「リベラル」な価値観を支持する言説が多かった。しかし、日本だけでなく、立憲君主制を採用する世界各国の君主が「ポリティカル・コレクトネス」の道徳を体現するかのように振る舞っている。このような君主のリベラル化は、君主制と民主主義を両立させようとするパラドックス（矛盾）から生じる。つまり、世襲による身分制度である君主制と、生まれによる特権や差別を許さない平等主義的な民主主義を両立させることから生じる。そして、近年、自由主義と民主主義の対立があらわになるなかで、君主制がその対立を融和し、調整するような存在として支持されている現状を指摘する。

以上が、本書『「差別はいけない」とみんないうけれど。』の内容である。

第一章

ポリティカル・コレクトネスの由来

PCという言葉はどこから来たのか

ドナルド・トランプが勝利した二〇一六年のアメリカ大統領選挙で「ポリティカル・コレクトネス」という言葉を初めて耳にした人も多いのではないだろうか。女性差別や人種差別的な発言を繰り返していたトランプが大統領になったのは、ポリティカル・コレクトネス（PC）の敗北といわれた。

では、ポリティカル・コレクトネスという言葉の意味はなんだろうか。ある辞書には、「人種・宗教・性別などの違いによる偏見・差別を含まない、中立的な表現や用語を用いること」と説明されている。[*1] たとえば、日本でも看護婦が看護師に、保母が保育士に変更された。しかし、これだけではPCという言葉の説明としては不十分だろう。私たちがそれ以上の意味を込めて、PCという言葉を使っていることはあきらかだからだ。

PCの意味はあいまいだが、ここで簡単に定義すると、「差別に反対する言説や運動。猥褻な表現、残酷な描写の規制を求める言説や運動」であり、しばしばそれらに否定的な意味合いを込めて指し示す言葉、といったところだろう。たとえばGoogle検索には、あるキーワードを入力すると、一緒に検索される可能性が高い別のキーワードが自動的に表示されるサジェスト機能があ

1・『デジタル大辞泉』

る。「ポリティカル・コレクトネス」で検索すると「うんざり」というキーワードが表示される。しばしば保守派や右派はPCにたいして強い憎しみをあらわにする。憎しみまでは持たないとしても、多くの人間が多少「うんざり」しているからこそ、検索結果がこんなふうになるわけだ。

しかし、なぜPCという言葉の意味はあいまいなのか。どうして否定的に使われるのか。その理由はPCという言葉の成り立ちにある。PCという言葉は、一九九〇年代初めにアメリカで広まったが、もとはリベラルな教育を攻撃するための言葉だった。[*2] 保守派はリベラルな教育やそうした教育をおこなう大学教授を指して、「ポリティカル・コレクトネスだ!」と批判した。攻撃対象をやっつけるための言葉だったために、明確な意味が定まらないまま、世界中に広まることになった。だから、PCを考えるときに注意しなければならないのは、使うひとや使われる時代によって、それが指し示す対象が別物である可能性があるということだ。実際、一九九〇年代ごろと現在ではPCと呼ばれる対象がまったく異なっている。

ここではPCという言葉がどのように成立したか、詳しく見てみよう。

「ポリティカル・コレクトネス political correctness」という言葉をいつ、だ

2・PCの語源に関する記述は、次の書籍や記事を参考にした。ルース・ペリー「「政治的正義」(Politically Correct)の語史」『アメリカの差別問題』脇浜義明編訳、明石書店、一九九五年
Geoffrey Hughes, *Political Correctness: A History of Semantics and Culture*, Oxford: Wiley-Blackwell, 2010.
John Lea, *Political Correctness and Higher Education: British and American Perspectives*, New York: Routledge, 2008.
Moira Weigel, Political correctness: how the right invented a phantom enemy https://www.theguardian.com/us-news/2016/nov/30/political-correctness-how-the-right-invented-phantom-enemy-donald-trump

れが、どこで使い始めたのか。残念ながらはっきりしたことはわからないようだ。[*3]“political”も“correct”も一般的な言葉なので、かなり昔から使われていたらしい。英語の語源や初出、用例を調べるときに最も参照される辞書ＯＥＤ（Oxford English Dictionary）では、一七九八年のアメリカ最高裁の判決文が初出とされている。しかし、「現在の政治的・社会的状況に対して適切な」（appropriate to the prevailing political or social circumstances）といった意味で用いられていたようで、いま私たちが使っている意味合いとはかなりちがう。

現在のＰＣの意味に近づくのは、ずっと時代がくだって一九七〇年代である。ＯＥＤによれば、アメリカのハーレム出身のフェミニスト活動家のトニ・ケイド・バンバラが *The Black Woman* 所収のエッセイの中で、“A man cannot be politically correct and a［male］chauvinist too.”（男性が政治的に正しく、かつ〔男性〕優位主義者であることはできない）と書いたのが初出とされている。ＰＣという言葉はフェミニズムや公民権運動といった左派のなかで使われていたようだ。

ただ、ここで注意しなければならないのは、ＰＣはあくまでも批判や皮肉、ジョークとして使われるアイロニカルな言葉だったということだ。なぜ左派内部でポリティカル・コレクトネスという言葉が使われ始めたのか、という問題

3・以下の記述はジョージ・オーウェル研究者の星野真志氏の教示を得た

には諸説がある。いずれの説にも共通するのは、共産党＝左翼的前衛党への皮肉な表現だったということだ。いくつかの論考から引用してみよう。

最初にこの語句が現れたのは一九六〇年代中頃から終わりにかけてのブラック・パワー運動及び新左翼運動の中だったと思う。〔……〕「政治的正義」〔＝ポリティカル・コレクトネス〕なる語句はそれを使用する主体ごとに異なる意味をもった。たいてい引用符で囲まれるかイタリックで書かれ、だいたい共通する意味としては、あらゆる党方針への不信感と、同時に自分が関心を寄せる分野の社会変革活動への献身、その双方を結合したようなものと言えた。どんな形態で使用されようと——字義どおりにせよ、皮肉のつもりにせよ、嘲笑的にせよ、問いかけの形にせよ、それは旧い体制のドグマや説教に対する不信感を表明・強調するものだった。旧左翼の、企業国家アメリカの、政府の、誠意を疑い、嘲るものだった。[*4]〔以下、〔 〕は引用者〕

「コレクト」と「インコレクト」という言い方は、一九六〇年代末に復

4・ペリー「「政治的正義」(Politically Correct)の語史」『アメリカの差別問題』八四－八五頁

活してニューレフトのなかで流行となった。それは、当初先駆的精神でスタートし、新しい事態を表現する新しい言葉を模索していた運動に、自己満足的厳密性、問答無用の拒否、形而上的幻想が忍び込んだ証拠であった。一九七〇年代になると、この言葉は人によって意味が違い、自分が共感する政治路線への忠実さ、あるいはちょっと斜に構えて距離を置くかのいずれかを表わした。政治的確信、包括的政治ヴィジョンの時代にたそがれが訪れた時、それは嘲笑、さらには自嘲にさえ使われる便利な言葉となった。[*5]

はじめに引用したルース・ペリーはPCという言葉は『毛沢東語録』に由来するのではないか、と推察している。次に引用したトッド・ギトリンは「スターリン主義の遺産」と位置付けている。両者に共通しているのは、前衛党＝共産党にたいするアイロニカルな言葉だということだ。では、実際にどのように使われていたのだろうか。

たとえば、カルチュラルスタディーズの創始者であるスチュアート・ホールによると、アメリカの左派の学生たちが、一九六〇年代以前の左翼の党路線の

5・トッド・ギトリン『アメリカの文化戦争——たそがれゆく共通の夢』疋田三良＋向井俊二訳、彩流社、二〇〇一年、二〇〇－二〇一頁

厳格さを真似て、仲間内のセクシスト的、あるいはレイシスト的な言動に言及するとき、文化大革命の紅衛兵のような調子で、"Not very 'politically correct', comrade!"（さほど政治的に正しいとはいえない同志諸君！）などといっていたようだ。[*6]

一九九〇年代までPCは、古い左翼が理想化した共産主義の理念にたいする疑いが込められた、アイロニカルな表現として左派内部で流通していた。フェミニズムや黒人による公民権運動、性的マイノリティ運動は一九六〇年代から七〇年代にかけて登場し、「新しい社会運動」（アラン・トゥレーヌ）と呼ばれるものだ。その特徴は、プロレタリアートによる革命を目指し、共産主義を志向した左翼運動にたいして批判的だったことだ。たとえば、フェミニズムはこれらの左派運動における男性中心主義を批判した。だから、これら左派の内部で、PCという言葉がスターリンや毛沢東を崇拝する古い左翼を揶揄《やゆ》する言葉として広まったのは当然だったといえる。

しかし、PCがマスメディアに登場し、ひとびとにひろく知られるようになった一九九〇年代以降、その意味や用法が変化していく。いま私たちが知るPCという言葉の意味に近くなるのはこのあたりからだ。保守派が、大学におけるリベラルな教育や積極的是正措置を批判する際に、PCという言葉を使い始

6・Hall, Stuart, "Some 'Politically Incorrect' Pathways Through PC" (PDf). S. Dunant (ed.), *The War of the Words: The Political Correctness Debate*, 1944, pp. 164-184. (Infogalactic) https://infogalactic.com/info/Political_correctness

めたのである。
　ＰＣという言葉がジャーナリズムにひろく登場したきっかけとされるのが、『ニューヨーク・タイムズ』紙にリチャード・バーンスタインが執筆した記事“The Rising Hegemony of the Politically Correct”（「ポリティカル・コレクトネスが覇権を握りつつある」、一九九〇年一〇月二八日）である。[*7] この記事では、人種差別、性差別や積極的是正措置を学ぶ大学のカリキュラムとともにＰＣという言葉が紹介されている。そして、一九九一年以降ＰＣという言葉がジャーナリズムでひんぱんに取り上げられるようになる。
　アメリカの雑誌や新聞のデジタルデータベースであるProQuestを検索すると、一九九〇年以前、「ポリティカル・コレクトネス」というフレーズはほとんどあらわれなかったが、一九九一年には二五〇〇回以上、九二年には二八〇〇回以上登場している。[*8] また、アメリカのビジネス紙などのデータベースであるNEXISで検索すると、ＰＣとその同義語の出現回数は、一九八八年七回、八九年一五回、九〇年六六回、九一年一五五三回、九二年二六七二回、九三年には四六四三回となっている。[*9]
　また、ジョージ・Ｈ・Ｗ・ブッシュ（父）大統領の発言はＰＣが大きく取り

7・https://www.nytimes.com/1990/10/28/weekinreview/ideas-trends-the-rising-hegemony-of-the-politically-correct.html?pagewanted=all
8・Moira Weigel, op.cit.
9・ギトリン『アメリカの文化戦争』一九九頁

上げられるきっかけのひとつとなった。一九九一年五月、ミシガン大学の卒業式での講演で、ブッシュ大統領は「〔政治的に〕正しい行動を要求する改革者たちは、そのオーウェル的なやり方でもって、多様性の名のもとに多様性をつぶしている」("In their own Orwellian way, crusades that demand correct behaviour crush diversity in the name of diversity.")と述べ、ポリティカル・コレクトネスが言論の自由の脅威となり、市民のあいだに不寛容を生んでいると批判した。[*10]

ここで注意すべきなのは、ブッシュ大統領がイギリスの小説家ジョージ・オーウェルに言及していることだ。オーウェルが一九四九年に出版した小説『一九八四年』では、一党独裁の体制が敷かれひとびとが管理される超大国オセアニアが舞台で、主人公のウィンストン・スミスは党の命令にしたがって歴史を改竄《かいざん》する仕事をしている。このオーウェルの小説は全体主義のディストピアを描いた小説として知られる。

当時大学では、人種差別や性差別にかんして使用してはならない言葉を定めたスピーチコードがつくられていた。アメリカの保守派はこれを「自由の抑圧」「思想警察」「検閲」と全体主義に結びつけて批判していた。つまり、ここでは一九九〇年代以前のＰＣという言葉が持っていた、かつての共産党＝古い

10・https://www.nytimes.com/1991/05/05/us/excerpts-from-president-s-speech-to-university-of-michigan-graduates.html

左翼とのアイロニカルな関係が、保守派によって歪曲・乱用されているのである。PCが元来アイロニカルな表現であることを見落とし、もしくは、意図的に無視して、スターリンや毛沢東といった全体主義と関係があるように使っているわけだ。先に引用したペリーも次のように述べている。

> 現在主流マス・メディアは一種のスターリン主義的「党方針」と同じものとして「政治的正義」を描き出そうとしているが、それが旧左翼の間で使用されていた証拠はほとんど無いし、新左翼の間ではほぼ決まって二重の意味合いで使用されていたことを示す証拠は充分すぎるくらいある。この語句に自嘲的でアイロニカルな意味合いが付きまとっている事実自体が、新左翼が自己批判的次元をもっていたこと、つまり、柔軟で、どんな種類の正統性や権威に対しても懐疑的である性格を物語っている。[*11]

まとめると、PCという言葉はスターリンや毛沢東を崇拝する古臭い左翼にたいするアイロニカルな表現として、新しい社会運動の内部で使われていた。しかし、保守派はアイロニカルな表現であることを理解することなく、もしく

11・ペリー「「政治的正義」(Politically Correct)の語史」『アメリカの差別問題』九一－九二頁

は意図的に無視して、全体主義のイメージと結びつけることで、リベラルな教育や価値観を攻撃する際にもちいたのだった。

しかし、ひとつ疑問が残る。なぜ保守派は、リベラルな価値観や教育を全体主義と結びつけて攻撃する必要があったのか。ポリティカル・コレクトネスという言葉がメディアに登場した九一年に、ソ連は崩壊し、冷戦は終結していたのである。保守派が「全体主義」と呼んで批判した社会主義国家はほぼなくなっていたのだ。その理由は次節で見ていくが、保守派は冷戦終結によってもたらされた民族問題が多民族国家アメリカに波及することを恐れていたのである。

多民族国家アメリカの危機――ブルームとシュレージンガー

多数の人種や民族が暮らすアメリカは「人種の○○○○」と呼ばれている。さてここに当てはまる言葉はなんだろうか。学校の授業や教科書で見聞きしたことがきっとあるはずだ。むかしは「人種のるつぼ」であり、現在は「人種のサラダボウル」である。アメリカでは人種や民族がひとつの文化に収斂・同化するのではなく、それぞれ独自の文化を保ちながら共存しているという状況にあわせて、教科書の記述が変更されたのだった。ＰＣ問題は実はこの「人種のサラダボウル」という喩《たと》えに大きくかかわっている。

ここではPCを批判した代表的な著作として知られるアラン・ブルーム『アメリカン・マインドの終焉』とアーサー・シュレージンガーJr.の『アメリカの分裂――多元文化社会についての所見』を見ながら、一九九〇年代のアメリカの保守派が「PC」と罵倒し、攻撃したものはなんだったか、どのようなロジックで攻撃したのか、を見ていきたい。

まずその歴史的背景を説明しておこう。ブッシュ(父)大統領がミシガン大学の卒業式でポリティカル・コレクトネスを批判したことを紹介したが、それには理由があった。当時アメリカでは、「文化戦争 cultural war」と呼ばれる、大学教育をめぐる保守派とリベラル派の争いが起こっていた。[12] 保守派が攻撃する意味でのPCとはその争いのなかで登場した言葉だった。

「文化戦争」の発端となったのが、一九八八年におこなわれたスタンフォード大学の一般教養のカリキュラム見直しであった。一年生の必修科目であった「西洋文化 Western Culture」が「文化・思想・価値 Culture, Ideas and Values」という科目に変更された。変更といっても、実は「西洋文化」という科目の必読文献リストに非西洋的なもの二、三点を追加し、科目名を変更しただけにす

12・「解説「文化戦争」概要と理念」、ギトリン『アメリカの文化戦争』二八六-二八七頁

ぎなかった。しかし、これにたいして保守派は大学で西洋文化が教えられていないと批判した。

フェミニズムやマイノリティ運動の結果、黒人や女性の入学を優遇する積極的是正措置がとられた。また、そのような優遇措置とともに大学教育自体も見直しを迫られた。一九八〇年代後半には、黒人差別や女性差別を学ぶ機会を増やすべく、各大学で多文化主義（multiculturalism）教育を実施するためにカリキュラムの見直しが求められていた。このカリキュラム見直しを保守派が攻撃したわけだ。

また、大学内では人種や性別の問題で学生の対立が深刻化するケースが相次ぎ、一九八〇年代後半からいくつかの大学では、差別語の使用にかんする規制をつくった。ブッシュ大統領がスピーチしたミシガン大学では、「人種・エスニシティ・宗教・性差・信条・出身国・祖先・年齢・結婚状況・障害・ヴェトナム戦争下での兵役状態などに関して、他人の心を傷付け屈辱感を与えるような表現を使用してはならない」[*13]という規制がつくられている。保守派がスピーチコードを「PC」という言葉を用いて攻撃しはじめたのは先に説明したとおりである。これが「文化戦争」と呼ばれる大学教育をめぐるリベラルと保守の

13・ギトリン『アメリカの文化戦争』二八八頁

対立である。

一九八七年にアメリカでベストセラーとなったアラン・ブルーム『アメリカン・マインドの終焉』は文化戦争の最中に書かれたものだ。この本はPC批判の書として知られるが、九〇年代以前の著作なのでPCという言葉は出てこない。アラン・ブルームは当時シカゴ大学の教授で、ネオコン（ネオコンサバティズム、新保守主義）として知られるレオ・シュトラウスの弟子であり、専門は哲学で、プラトンの『国家』やルソーの『エミール』を翻訳していた。ブルームはギリシャ哲学にさかのぼって当時の大学の現状を批判している。たとえば、フェミニズムを批判する際にはソクラテスを援用し、「男女は、恋人や両親としてはまったく違う立場にたちながらも、種の存続という自然が授けた目的を共有し、それによって心と心で結びついているのである」[*14]と述べている。

また、多文化主義教育にたいして、これまで聖典（カノン）とされてきた西洋古典を教えないと批判している。ブルームによれば、その背景にはドイツの哲学者であるフリードリヒ・ニーチェに影響を受けた「文化相対主義」があるという。いまでは「ポストモダン」思想と呼ばれるものだ。たしかに大学にPCを蔓延させたとされるポストコロニアリズムやカルチュラルスタディーズとい

14・アラン・ブルーム『アメリカン・マインドの終焉』菅野盾樹訳、みすず書房、一九八八年、一〇三頁

った学問は、フランスの「ポストモダン」思想に大きな影響を受けている。ブルームはこれを「左翼のニーチェ主義化、もしくはニーチェ主義の左翼化」[*15]と批判しているが、ポストモダン思想へのニーチェの強い影響を考えると妥当なものだろう。

だが、ブルームは、黒人や女性などマイノリティの権利拡大を批判し妨害する反動的な人物だったわけではない。黒人の反差別運動には肯定的だった。マーティン・ルーサー・キング・ジュニアが主導した公民権運動にはきわめて高い評価をあたえている。しかし、「ブラック・イズ・ビューティフル」といった運動はきびしく批判している。ここに当時のPCをめぐる言説によく見られるパターンがある。少し長いが、引用しよう。

〔公民権〕運動の初期には、重きをなした指導者のほとんどすべてが、戦術の違いや気質の違いにもかかわらず、独立宣言と憲法に依拠していた。彼らは白人を非道きわまる不正のせいばかりでなく、白人自身の聖なる原則に背いたというかどでも告発できたのである。自然権と政治的権利によって人間である彼らに属する平等を要求した点で、黒人は真のアメリカ人

15・ブルーム『アメリカン・マインドの終焉』二三九頁

であった。この態度には自然権に由来するさまざまな原則が真理であり、これら原則が憲法の伝統のもとで基本的に有効である、という堅い確信が含まれていた。この伝統は色あせたとはいえ、長い目でみればこれらの原則を実現する方向へ向かっている。それゆえにこれらの原則は、議会や大統領、とりわけ司法に浸透していたのである。これとは反対に、以前の市民権運動に取って代わったブラックパワー運動の核心には〔……〕憲法の伝統ははじめから腐敗しており、奴隷制の擁護のために築かれたにすぎない、という見解が横たわっていた。運動の要求したのは黒人の同一性《アイデンティティ》であり、普遍的権利ではなかった。それは黒人を黒人として――たんに人間としてではなく――尊重せよ、と迫ったのである。[*16]

つまり、ブルームは憲法の遵守を訴える公民権運動はよいが、奴隷制を擁護した廉《かど》でアメリカ憲法を批判することはよくない、と述べている。

このブルームのロジックは多文化主義教育を批判するときにも見られる。ブルームによれば、「民主主義教育」は「民主主義的政体を支える嗜好、知識、性格をもつ男女を生みだそうと欲しているし、そうする必要がある」[*17]。その教

16・ブルーム『アメリカン・マインドの終焉』二五－二六頁
17・ブルーム『アメリカン・マインドの終焉』一八頁

育において学生は「権利の教理を、それを具体化した憲法を、そして「自由を土台に構想され、すべての人は平等に創られているという命題に捧げられた」国家の創設をえがき祝福するアメリカ史」[*18]を学ぶべきである。しかし、「近年の寛大の教育はそうしたすべてを捨て去っ」てしまい、「自然権やわれわれの政体の歴史的起源には注意をはら」うことなく、われわれの政体を「元来欠陥に満ち、後ろ向きなもの」と見なすようにさえなっている[*19]、と。

アメリカは圧政を逃れた移民を受け入れる（入れた）自由の国としてしばしば理想化される。しかし、建国の父と呼ばれるジョージ・ワシントンやアメリカ独立宣言を書いたトマス・ジェファーソンは黒人奴隷の所有者だった。先住民や黒人奴隷の視点に立てば、輝かしいアメリカ建国の歴史は搾取と差別の歴史にかかわるのである。「ポストモダン」思想の影響下にあった、当時のポストコロニアリズムや多文化主義教育は、アメリカの輝かしい理念を疑わしいものにさせてしまう、とブルームは嘆いているのだ。

日本の排外主義者の一部で、「南京大虐殺はなかった」などといわれることがある。歴史修正主義である。その背景にはポストモダンの相対主義があるという主張がある。[*20]しかし、ここで興味深いのは、ブルームや、のちに見るシュ

18・ブルーム『アメリカン・マインドの終焉』一九頁
19・ブルーム『アメリカン・マインドの終焉』一九頁
20・野間通易『実録・レイシストをしばき隊』河出書房新社、二〇一八年、二三一頁

レージンガーといった保守派が、黒人や先住民の視点に立ったアメリカ史に対して、相対主義や歴史の捏造といった批判を向けていることだ。たしかに西洋中心主義的で、聖典《カノン》と化した歴史を読みなおすには、相対主義的な視点がなければならない。そのような相対主義的な視点は、被抑圧者の歴史を物語ることを可能にするいっぽうで、その反作用が対抗的な《カウンター》言説としての歴史修正主義を生む余地をつくったといえる。歴史認識においても、アイデンティティとシティズンシップの論理の対立を指摘することができる。この問題については第二章であらためて論じる。

しかし、ブルームはなぜアメリカの理念が汚されるのを恐れるのだろうか。大学の多文化主義教育がそんなに問題視されるべきことなのか。そして、なぜ九〇年代以降、ソ連をはじめとした社会主義国がほぼ崩壊した世界のなかで、PCという言葉で多文化主義教育や積極的是正措置を、全体主義に帰着するものとして攻撃する必要があったのか。

アーサー・シュレージンガーJr.の『アメリカの分裂――多元文化社会についての所見』には保守派の恐怖心が見事にあらわれている。[*21] シュレージンガーはピューリッツァ賞を受賞した歴史家で、ケネディ大統領の補佐官もつとめたこ

21・アーサー・シュレージンガーJr.『アメリカの分裂――多元文化社会についての所見』都留重人監訳、岩波書店、一九九二年（原著一九九一年）

とがある。シュレージンガーの主張は、そのタイトルにあるとおり、多文化主義教育がアメリカを分裂させる、というものだ。いまの私たちから見れば、シュレージンガーの主張は過度に防衛的・攻撃的な振る舞いに見える。しかし、一九九〇年代の世界状況を踏まえて考えると、リアリティを持った危機感だったことがわかる。

注意すべきなのは、シュレージンガーの著作が出版された一九九一年はユーゴスラビア内戦が始まった年であることだ。六つの共和国と二つの自治州を持つ連邦制国家だったユーゴスラビアは、九一年六月にスロベニア、クロアチアが独立を宣言し、内戦が勃発。九五年まで内戦が続き、民族間の対立で虐殺や強姦が相次ぎ、甚大な被害が生じたことで記憶されている。また、ユーゴ内戦の勃発と同じ九一年一二月にはソ連が崩壊、九三年一月にはチェコスロバキアが解体するなど、社会主義圏の多民族国家が崩壊した時期だった。シュレージンガーは多文化主義の台頭は多民族国家アメリカ崩壊の予兆ではないか、と考えていたようである。少し長いが引用しよう。

> 今日の新聞の見出しは、あれこれの複数民族政体における差し迫った危機、あるいは近いと見られる解体の動向を伝えている。例を挙げるなら、ソ連、インド、ユーゴスラヴィア、チェコスロヴァキア、アイルランド、ベルギー、カナダ、レバノン、キプロ

ス、イスラエル、セイロン〔現スリランカ〕、スペイン、ナイジェリア、ケニア、アンゴラ、トリニダード、ガイアナ等、そのリストは際限がないほどである。アメリカの実験がこれまで幸運に恵まれたのは、かなりの程度、多様な民族の坩堝という理想像のおかげであった。マーガレット・サッチャーの言葉を借りるなら、「異なる人種や国民を単一の文化のなかに結合するという点で、アメリカほど成功した国はこれまで他にはなかったのである。」

しかし、その合衆国においてさえ、民族中心論者たちは、その影響力を行使しなかったわけではない。彼らは、同化というアメリカの古くからの理想に対立する立場をとり、この共和国が個人の自己確認を中心に考えるのではなく、集団を単位として考えることを求め、政治体制の基本を個人の権利から集団の権利に移すよう呼びかけるのである。彼らは、合衆国を一段と分裂した社会に転形させるという点で、ある程度の前進を遂げたし、大学生の世代をヨーロッパや西欧の伝統にそむかせることに最善をつくしてきた。更に彼らは、少数民族の子供たちをアメリカ社会の外に置くよう考案された民族中心的、アフリカ中心的、二言語併用的なカリキュラムを公立学校に押しつけ、少数民族集団の若い人たちには、西欧の民主主義的伝統は彼らに役立つものではないと告げてきた。彼らは、その上、黒人の抗議と白人の有罪意識との強力な組み合わせによって開かれる機会を要求するよりもむしろ、自分たちを犠牲者として認識し口実を重ねて生きていくよう、少数民族を励ましてきたし、社会に非難と怨恨の雰囲気をかもし出し、アメリカ生活の分裂を著しく進めたのである。[*22]

シュレージンガーも黒人差別を批判している。しかし、それ以上に、黒人文化を尊重するあまり、アメリカ合衆国の統一性が失われることをなによりも恐れている。マイノリティの誇りを取り戻そうとする文化運動を、アメリカにたいする「反革命」とさえ呼んでいる。

少数民族派の盛り上がり（それは前例のないことだったから、とうてい復興とは言えなかった）は、英国中心の文化にたいする抗議の意思表示として始まった。そしてそれは一つの信仰にまでなり、今日では、アメリカを「一つの人民」、一つの共通の文化、単一の国民とする原初の理論にたいする反革命となる危険をはらんでいるのだ。[*23]

ブルームやシュレージンガーの立場は、文化的多元主義（cultural pluralism）に

22・シュレージンガー『アメリカの分裂』一六八－一六九頁
23・シュレージンガー『アメリカの分裂』四二頁

ちかい（多文化主義 multiculturalism とのちがいに注意）。私的領域での文化の多様性を認めるが、公的な面では文化の統一性が必要だとする立場である。文化的多元主義は一九一〇年代に登場したが、東欧や南欧から流入したアングロサクソン系ではない白人移民の増加を背景として、文化の多様性を尊重しようとしたものだった。しかし、文化的多元主義において公的文化の共通性は当然視され、また先住民や黒人といった非白人の文化の多様性は考慮されなかった。[*24] たいして、そのような公的文化の統一性を求めること自体が白人中心主義にほかならず、公的文化でもそれぞれの民族の文化の独立性を認めようとするのが、多文化主義と呼ばれる運動だった。そして、こうした多文化主義はアメリカを分裂させてしまう、というのがシュレージンガーの批判なのである。

一般的に冷戦体制の崩壊は、共産主義にたいする自由主義の優位性を示す決定的な出来事ととらえられた。たとえば、アラン・ブルームのもとで哲学を学んだことがあるフランシス・フクヤマは、冷戦の終結をリベラル・デモクラシーの勝利とみなし、そこに「歴史の終焉」を見て取った。[*25] フクヤマの『歴史の終わり』は世界的な大ベストセラーとなった。

しかし、フクヤマの師であるブルームやシュレージンガーの見方はちがって

24・油井大三郎「いま、なぜ多文化主義論争なのか」および遠藤泰生「多文化主義とアメリカの過去」油井大三郎＋遠藤泰生編『多文化主義のアメリカ』東京大学出版会、一九九九年

25・フランシス・フクヤマ『歴史の終わり（上下）』渡部昇一訳、三笠書房、一九九二年

いた。ソ連やユーゴスラビアといった社会主義国が崩壊し、それぞれの民族が独立を果たしたことは、たしかに共産主義という理念の失墜を象徴する出来事だった。しかし、その民族主義の隆盛（民族独立）はアメリカ国内において多文化主義（multiculturalism）としてあらわれ、アメリカという自由の国の理念をも疑わせることになった。多文化主義は社会主義国にかわって登場したアメリカを脅かす新たな敵である。そのため、保守派は、共産主義を皮肉る特殊なジャーゴン（仲間内言語、隠語）であったポリティカル・コレクトネスという言葉を持ちだし、大学の多文化主義教育をはげしく攻撃したのである。一九九一年以降、ポリティカル・コレクトネスという言葉がアメリカ全土を覆った理由には、多民族国家の世界的な危機が背景にあった。

さて、これまでブルームやシュレージンガーの著作を通じて、多文化主義教育や積極的是正措置をPCと名指し、攻撃する言説について見てきた。その言説には次の三つの特徴、①マルクス主義と「新しい社会運動」（アイデンティティ・ポリティクス）に連続性・同一性を見ること、②国家統合の理念の擁護、③ポストモダン（ポストコロニアリズム・多文化主義）批判があげられる。

では、一九九〇年代に登場した当時のPCをめぐる問題は、アイデンティティとシティズンシップの論理にしたがうとどのように整理できるのだろうか。アメリカの大学で進められていた多文化主義教育は、アイデンティティ・ポリティクスによって生まれたものである。本書「まえがき」で説明したように、シュミットによる民主主義には統治する者と統治される者の「同一性」が必要であった。その「同一性」を得るためには、同じ民族であることや同じ言語を話すことといった「同質性」が必要とされた。ある集団のアイデンティティの「同質性」によって結束するアイデンティティ・ポリティクスは民主主義的であるといえる。しかし、シュミットが指摘していたように、「同質性」に基づく民主主義は、「異質なものを排除する」という傾向があった。そのため、アイデンティティ・ポリティクスにおいて、あるアイデンティティを持つ集団はほかのアイデンティティを持つ集団と対立し、排除することになる。

いっぽうで、ブルームやシュレージンガーにとって理想なのは、アメリカ憲法のもとに「一つの人民」として、あらゆる人種、民族が「同化」することである。彼らが、アメリカ憲法で認められた市民権を尊重せよ、という公民権運動を認めたのは、黒人が白人と同等の「市民」となることを目指す運動だったからである。しかし、アイデンティティ・ポリティクスや多文化主義については、異質なものを排除しようとする民主主義の傾向を持つために、アメリカの分裂を引き起こすものとして非難する。よって、「まえがき」で提示した表は次のようになる。

「まえがき」でも説明したが、「アイデンティティ」と「シティズンシップ」の区別にしたがえば、ブルームやシュレージンガーは、シティズンシップの立場から、アイデンティティの側にある多文化主義（multiculturalism）を批判していたのだ。一九九〇年代のアメリカで多文化主義教育や積極的是正措置はPCと呼ばれ非難されたが、その非難はシティズンシップ→アイデンティティ、という方向になっている。つまり、シティズンシップ（自由主義、市民）の立場からアイデンティティ（民主主義、多文化主義など）を論難する。

さて「まえがき」では、シティズンシップの論理がヘイトスピーチにたいする反差別運動の中心にあることを説明した。マジョリティによるアイデンティティ・ポリティクスであるネット右翼が、反差別的な言説を攻撃する際にPCという言葉・レッテルがもちいられている。ここ現代の日本では、PCという非難はアイデンティティ→シティズンシップに向かっている。つまり、アイデンティティ（民主主義、同質性）の立場からシティズンシップ（自由主義、多様性）を論難する。アメリカで一九九〇年代に登場したPCは、いま私たちがうざいと感じるPCと一見同じようでいて、その内容がまったく異なっている。ポリティカル・コレクトネスという言葉は、反差別の言説を攻撃し非難する言葉であ

反差別のロジック	政治思想	主体	他集団との関係	集団内	差別を批判できるのは	アメリカ	人種の〇〇
アイデンティティ	民主主義	集団	差異化	同質性	被差別者（特定のアイデンティティ）	多文化主義	サラダボウル、虹
シティズンシップ	自由主義	個人	同化	多様性	みんな（市民たる自覚あるもの）	文化的多元主義	るつぼ

る。この点はいまも昔もかわっていない。しかし、反差別言説（リベラルな言説）を支える論理がアイデンティティの論理からシティズンシップの論理に変化したために、「ポリティカル・コレクトネス」という言葉を用いて他者を攻撃する言説や内容やその根拠がまったく変わってしまったのである。ここでポリティカル・コレクトネスという言葉の変遷を簡単にまとめておこう。

一九九〇年代以前――左翼前衛党に忠実な古臭い左翼を皮肉る言葉、主に「新しい社会運動」（新しい左翼）のなかでもちいられた。

一九九〇年代以後――保守派がマイノリティによるアイデンティティ・ポリティクスを攻撃するために、流用した。

現在――マジョリティによるアイデンティティ・ポリティクスが、反差別言説（リベラルな言説）を攻撃するために使われている。

トランプを予言したローティ――リベラルは復活できるか

アメリカはソ連のように崩壊しなかった。それどころか、自由の国の理念は、アフガニスタン戦争やイラク戦争の大義となった。そして、二〇〇八年のアメリカ大統領選ではバラク・オバマが勝利し、黒人初のアメリカ大統領となった。その後の歴史を見ると、ブルームやシュレージンガーの抱いた危機感、多文化主義(multiculturalism)によってアメリカが分裂してしまうという恐れは杞憂だったように思える。だが、本当にそうだろうか。

前節ではPC批判の特徴のひとつとして、「ポストモダン」批判をあげた。だが、しばしばポストモダンの思想家とみなされるリチャード・ローティも、アメリカにおける多文化主義(PC)の批判者のひとりに数えることができる。

ローティの多文化主義(PC)批判のきっかけとなったのは、社会学者のリチャード・セネットが『ニューヨーク・タイムズ』紙(一九九四年一月三〇日)で、全米人文科学基金の会長であったシェルダン・ハックニーが打ち出したプロジェクト「アメリカの多元主義とアイデンティティについての国民的対話」を激しく批判したことだった。そのプロジェクトとは、「テレビ中継される一連の「市民集会」を通じて、アメリカ国内のエスニックな分裂や対立を克服すべく国民共同体の紐帯やアメリカ人のアイデンティティについて確認しなおそうというもの」だった。[*26] 多文化主義の立場に立つセネットはこれを「紳士面《づら》したナ

26・辰巳伸知「訳者解説」、マーサ・C・ヌスバウム他『国を愛するということ——愛国主義(パトリオティズム)の限界をめぐる論争』辰巳伸知+能川元一訳、人文書院、二〇〇〇年、二五〇頁

ショナリズム」と批判した。

これにたいして、同じ『ニューヨーク・タイムズ』紙（九四年二月一三日）の「非愛国者的なアカデミー」と題した論説で、リチャード・ローティはハックニーを擁護し、アメリカのアカデミック左翼を批判した。[*27] ローティによれば、たしかに左翼知識人は、女性や黒人、同性愛者などのマイノリティ問題に取り組み成果をあげてきた。しかし、彼らは「差異の政治」「多文化主義」に熱中するあまり、国に誇りを持つことを否定するようになった。しかし、国に誇りを持つこと自体を否定してしまえば、シティズンシップというものも考えられないし、国そのものを考えることもできない。そして、論説は左翼にたいして厳しい口調で締めくくられる。イデオロギーの追求や怒りを振りまくだけのアカデミック左翼は孤立し、結局は軽蔑の対象となるだろう、と。

ローティは論説「非愛国者的なアカデミー」と同趣旨の内容をさらに発展させ、のちに『アメリカ　未完のプロジェクト *Achieving Our Country*』として一九九八年に刊行した（邦訳は二〇〇〇年）。そこでもローティは、国を愛することができない「文化左翼」を批判し、一九三〇年代のニューディール期と一九六〇年代に大きな成果をおさめた「改良主義左翼」を評価する。ローティの主張を簡

27・https://www.nytimes.com/1994/02/13/opinion/the-unpatriotic-academy.html

単にまとめると、リベラルは改良主義によって労働者の地位を改善させていった古き良き左翼に戻れ、というものだ。

ローティはブルームやシュレージンガーと同じ立場であるといってよい。ここで重要なのは二〇一六年にトランプ大統領が誕生したとき、その誕生を予言していた、と『アメリカ未完のプロジェクト』が話題になったことだ。少し長いが重要な箇所なので引用しよう。

アメリカの社会経済政策について論文を書いている人々の多くは、工業化した古くからの民主国家がワイマール共和国のような時代に、つまり人民主義運動が立憲政府を打倒しそうな時代に向かいつつあると警告してきた。例えば、エドワード・ルトワク（Edward Luttwak）は、ファシズムがアメリカの未来であるかもしれないと示唆した。労働組合のメンバーと労働組合に加入していない未熟練労働者は、自国の政府が賃金の下落をくいとめようともせず、勤め口の海外流出をくいとめようともしていないことを遅かれ早かれ知るだろう、それがルトワクの『アメリカン・ドリームの終焉』（*The Endangered American Dream*）という書物の要点である。ほぼ同時に、労働組合のメンバーと未熟練労働者は、郊外に住むホワイトカラー――彼ら自身も削減されることをひどく恐れている――が、他の人々の社会保障手当を支給するために課税されたくないと思っていることを知るだろう。

その時点で何かが壊れるだろう。郊外に住むことのできない有権者は、その制度が破綻したと判断し、投票すべき有力者——自分が選出されたら、独善的で狭量な官僚、狡猾な弁護士、高給取りの債権販売員、ポストモダニズムの教授などが支配することはもはやなくなると、郊外に住むことのできない有権者に進んで確信させようとする者——を捜し始めるだろう。そのときには、シンクレア・ルイスの小説、『それはここでは起こりえない』(It Can't Happen Here) のようなシナリオが演じられるかもしれない。それというのも、そのような有力者が政権を取るならば、何が起こるか誰も予想できないからである。一九三二年に、ヒンデンブルクがヒットラーを首相に任命したら何が起こるかいろいろ予想されたが、予想のほとんどはひどく楽観的すぎた。

起こりそうなこと、それはこの四〇年間に黒人アメリカ人、褐色アメリカ人、同性愛者が得た利益など帳消しになるだろうということである。女性に対する冗談めかした軽蔑の発言が再び流行するだろう。「ニガー」〔黒人の蔑称〕とか「カイク」〔ユダヤ人の蔑称〕という言葉が職場で再び聞かれるようになるだろう。大学〈左翼〉が学生に対して容認できないものにしようとしてきたあらゆるサディズムが再び氾濫することになるだろう。教育を受けていないアメリカ人が自分の取るべき態度を大学の卒業生に指図されること

――に対して感じるあらゆる憤りは、はけ口を見いだすことになるだろう。[*28]
――

アイデンティティ・ポリティクスを重視するあまり、国内の経済問題をおろそかにしてしまうと、その空隙をうめるように権威主義的な指導者が生まれ、これまでアカデミックな左翼が築き上げてきたものが一瞬のうちに崩壊するだろう。まさにトランプ政権を生んだアメリカの状況と酷似している。

トランプ大統領が誕生したとき、「ラストベルト Rust Belt」と呼ばれるアメリカ中西部地域が注目された。かつて鉄鋼業や自動車業などの重工業で栄えたこの地域は、グローバリゼーションによる生産拠点の海外移転と、安い外国製品の流入によって、主要産業が衰退した。この「ラストベルト」の白人労働者層の不満が爆発したことが、トランプ大統領誕生の原因とされた。

左翼がマイノリティによるアイデンティティ・ポリティクスを重視した結果、白人への雇用政策、社会福祉がおろそかになった。ここで興味深いのは、白人労働者たちの運動が、白人の誇りを取り戻そうとするアイデンティティ・ポリティクスの運動となっていることだ。「まえがき」で説明したように、シュミットによれば、民主主義は平等という「同質性」を求めながら、その同質

28・リチャード・ローティ『アメリカ 未完のプロジェクト――20世紀アメリカにおける左翼思想』小澤照彦訳、晃洋書房、二〇〇〇年、九五‐九七頁

性を維持するために異質なものを排除する。白人労働者が経済的な格差是正と同時に、移民の排斥を訴えているのは、白人というアイデンティティの「同質性」に依拠した民主主義的な主張をおこなっているからだ。

人種問題や性差別問題に注力してきたリベラルは古き良き「改良主義左翼」に戻れ、というローティの主張は、別の論者によっても繰り返されている。二〇一六年の大統領選が終わった直後、政治哲学者のマーク・リラは「アイデンティティ・リベラリズムの終焉」（『ニューヨーク・タイムズ』二〇一六年一〇月一八日）という論考で、リベラルが衰退したのは、アイデンティティ・ポリティクスが原因だと主張している。[*29] そのために「皆が市民として同じ社会を共有しているという意識、私たちは皆、国家の中で一つに結びついているという意識」[*30]を失ったのだと。そして、トランプ大統領に対抗するには、「市民」という考えを復活すべきだという。

この状況から抜け出す唯一の方法は、アイデンティティの存在、重要性を否定することなく、アメリカ人であればアイデンティティとは無関係に全員が共有している何かを基に訴えることである。その何かこそが「市民

29・https://www.nytimes.com/2016/11/20/opinion/sunday/the-end-of-identity-liberalism.html（ただしリラは「アイデンティティ・リベラリズム」という言葉をもちいている。）

30・マーク・リラ『リベラル再生宣言』夏目大訳、早川書房、二〇一八年、一五頁

「という身分」である。リベラルは今こそ再び、市民という言葉を使って話をするべきだ。[31]

アイデンティティよりもシティズンシップを、というわけだ。しかし、「アイデンティティに重きを置く現代のリベラル教育」は、「生徒を非政治化」し「市民を作るものではなく、破壊するものになってしまっている」[32]。どこかで聞いたような話ではないだろうか。つまり、マーク・リラはブルームやローティの主張をリベラル再生の手段としてそのまま繰り返しているのだ。

たしかにリラがいうとおり、差別問題と経済格差のどちらも「市民」のロジックで対処可能だ。人種や民族、女性らにたいする差別は、同じ「市民」にたいする不当な扱いだと批判できる。「階級」という視点に立たずとも「市民」という視点から貧困をなくすべきだと主張できる。ローティと同様にリラも、多文化主義が登場する以前のリベラルを高く評価している。

しかし、リラの提案にしたがっても、問題は解決されず回帰するだけだ。一九六〇年代から続く反差別運動はこの「市民」という欺瞞的で「空虚な」概念の内実を問いなおした。そして、リベラルが多文化主義やアイデンティティ・

31・リラ『リベラル再生宣言』一二八‐一二九頁
32・リラ『リベラル再生宣言』一四六頁

ポリティクスを担ぎ上げ、影響拡大に邁進してきたのは、「市民」という理念があまりに「空虚」でもはや修復不可能だからではないか。また、そもそも、人種や民族といった「同質性」に拠らず、「市民」という抽象的なものにひとびとは同一化できるだろうか。「市民」の名のもとにアメリカへの愛をふたたび説くことは、トランプ政権が掲げる"Make America Great Again"とどう区別できるのか。そして、なにより、リラが見落としているのは、かつて「市民」という特権を享受していた白人が、いまや「市民」であることをみずから投げ出して、白人としての誇りを取り戻そうとアイデンティティ・ポリティクスに訴えていることである。結局のところ、リベラル再生に向けて「市民」の復活を説くリラの提案は、アメリカという理念が壊れかけていることを示しているだけだ。シュレージンガーが予見したアメリカの分裂という危機はいまなお続いているのである。

リベラル・デモクラシーの危機――似て非なる二つの政治

「まえがき」でも触れたように、いまアメリカだけでなく全世界で排外主義が台頭し、右傾化が進んでいるといわれる。イギリスのＥＵ離脱、ＥＵ各国の極右組織の台頭、そして日本でも排外主義団体が社会問題となった。また、ポリティカル・コレクトネスへの反発が全世界で起きている。

さて私たちは先に、同じ反差別の言説といってもアイデンティティとシティズンシップというふたつの論理があることを確認した。アイデンティティの論理とは、あるアイデンティティを持つ集団が社会的地位の向上や偏見の解消を目指す政治運動の原理を指すものだった。たいして、シティズンシップの論理とは、集団のアイデンティティとは関係なく、差別をひとりの「市民」が不当に扱われていることと捉え、同じ「市民」として差別を批判するものだった。このふたつの差別批判の論理を、ドイツの法学者のカール・シュミットの自由主義と民主主義の区別を参考にして整理してきた。というのも、差別と反差別という枠組みだけでは、なぜ世界各国でポリティカル・コレクトネス（PC）への反発が起きているかがわからなくなるからだ。

繰り返しになってしまうが、シュミットの自由主義と民主主義の区別を詳しく見ていこう。いま私たちが漠然とリベラル・デモクラシーと呼んでいる政治制度は、シュミットによれば、「自由主義」と「民主主義」という異質の政治システムが組み合わさったものである。自由主義とは「討論による統治」[*33]を信念としている。シュミットは、自由主義の特徴として、①複数の権力の均衡

33・カール・シュミット「議会主義と現代の大衆民主主義との対立」『現代議会主義の精神史的状況』樋口陽一訳、岩波文庫、二〇一五年一三九頁

（権力分立）、②すべての国家の活動が公開されていること（公開性）、③市民が考えを表明し、議論する自由（出版、言論、集会の自由）の三つをあげていた。[*34] 討論をおこなうためには、「公開性」がなければならない。[*35] 議会でどのようなことが議論されているか、市民は知らなければならないし、市民がどんな考えを持っているかが公表できなければならない。そのためには「言論の自由、出版の自由、集会の自由、討論の自由」[*36]も必要となってくる。また、議会だけではなく、複数の権力機関が「討論」しなければならないという考えから、立法権、行政権、司法権がそれぞれ抑制し合うという三権分立の考えが生まれてくる。これら自由主義の特徴については「まえがき」ですでに説明をした。

しかし、なぜ公開して討論しなければならないのだろうか。それは自由主義が絶対主義に対抗するものとしてあらわれたからだ。官僚制は絶対主義の政治体制下に生まれたとされる。王と官僚による政治をシュミットは「絶対主義の官僚主義的・専門家的・技術主義的な秘密政治」[*37]と呼んでいる。

くわえて、みんなで討論すればよりよい政治ができるという信念があったことをシュミットは指摘している。その信念の背景には経済的な自由主義がある。自由主義の祖であるアダム・スミスは、個々人が自分の利益を追求したと

34・シュミット「現代議会主義の精神史的状況」『現代議会主義の精神史的状況』三六頁
35・シュミット「現代議会主義の精神史的状況」『現代議会主義の精神史的状況』三八頁
36・シュミット「現代議会主義の精神史的状況」『現代議会主義の精神史的状況』三八頁
37・シュミット「現代議会主義の精神史的状況」『現代議会主義の精神史的状況』四一頁

しても、「神の見えざる手」によって市場には自然と調和がもたらされると主張した。シュミットによれば、政治的な自由主義も同じなのだ。各人が自由闊達に議論をおこなえば、おのずと「真理」が導かれると考えられた。シュミットは次のように述べている。

自由主義を、首尾一貫した包括的な形而上学体系として見ることが必要である。ふつうは、私的諸個人の自由な経済的競争や、契約自由・商業の自由・営業の自由から、諸利害の社会的調和と最大可能な富とがおのずから生ずる、という経済的推論だけが論ぜられている。しかし、これら「のすべてのこと」は、普遍的な自由の原理のひとつの適用事例にすぎない。意見の自由な闘争から真理が、競争からおのずとあらわれる調和として生ずる、ということも、まったく同じである。*38

しかし、現在、アダム・スミスが理想としたような自由放任《レッセ・フェール》的な市場が成り立つと考えるひとはいない。それと同様に、みんなで議論すれば、すばらしい答えが出ると考えるひともあまりいないだろう。

38・シュミット「現代議会主義の精神史的状況」『現代議会主義の精神史的状況』三七頁

シュミットが一九二〇年代のドイツに見たのは、この自由主義の理念の失墜だった。第一次世界大戦に敗北したドイツは、多額の賠償金の支払いに苦しみ、経済がきわめて不安定だった。物価がどんどん上がり、貨幣がゴミ同然となるハイパーインフレが起こっていた。読者のなかには大量の札束を持ってパンを買い求めるひとびとの写真を教科書で見たひともいるだろう。くわえて、議会は「小人数の委員会」に縮小してしまい、「大資本の利益コンツェルン」に牛耳られていた。それは自由主義が否定したはずの「絶対主義の官僚主義的・専門家的・技術主義的な秘密政治」への回帰だったといえる。

たいして、シュミットは、民主主義に可能性を見出した。ここで注意すべきは、いま私たちがなんとなくイメージする民主主義と、シュミットのいう民主主義が大きく異なるということだ。たとえば、私たちは投票し、自分たちの代表を議会に送り出し、代表が議会で討論し、多数決をとり、法案を可決することが民主主義だと考えている。しかし、シュミットによれば、それらは民主主義ではない。シュミットによれば、民主主義で重要なのは「同一性」である。それは「治者と被治者との、支配者と被支配者との同一性、国家の権威の主体と客体との同一性、国民と議会における国民代表との同一性、［国家とその時々に投票する国民との同一性］、国家と法律との同一性、最後に、量的なるもの（数量的な多数、または全員一致）と質的なるもの（法律の正しさ）との同一性」である。[*39]

たとえば、独裁政治は民主主義の否定のように私たちには思える。しかし、シュミットによれば、独裁は民主主義の否定ではない。引用で述べられているように、支配するものと支配されるものに「同一性」があればよい。また、立法権、行政権、司法権といった権力の分立は民主主義においては重視されず、国家（行政）と法律は同一であるべきだとされている。つまり、ひとりの独裁者がすべての権力を握ることも、支配される国民との「同一性」が保たれてさえいれば、民主主義なのである。

また、シュミットは民主主義のもうひとつの特徴として「同質性」をあげていた。シュミットによれば、「同一性」を担保とする民主主義は、同じ民族や言語といった「同質性」を必要とする。そして、その「同質性」を保つためには、「必要があれば、異質なるものの排除あるいは殲滅《せんめつ》が必要である」とさえいわれる。[*40]

さて、ここまで詳しくシュミットの思想を見てきたのは、自由主義と民主主義の対立がいまなおつづくと考えているからである。それは単なる政治体制だけの問題ではない。「自由主義的な個人意識と民主主義的な同質性」は「克服できない対立」[*41]であるとシュミットは述べた。こうしてシュミットを援用する

39・シュミット「現代議会主義の精神史的状況」『現代議会主義の精神史的状況』二三頁
40・シュミット「議会主義と現代の大衆民主主義との対立」『現代議会主義の精神史的状況』一三九頁
41・シュミット「議会主義と現代の大衆民主主義との対立」『現代議会主義の精神史的状況』一五四頁

ことで、差別と経済をめぐる問題が実は深くつながっていることが理解できる。

自由主義と民主主義の対立が最も顕著にあらわれるのは経済であった。シュミットによれば、あらゆる人間は平等であるという人権思想は自由主義的である。しかし、絶対的な人間の平等は「概念上も実際上も、空虚などうでもよい平等[*42]」であるために、経済という「政治上の外見的平等のかたわらで、実質的な不平等が貫徹しているような別の領域[*43]」を生んでしまう。たいして、民主主義は「国民としての同質性[*44]」があるために、一国内にかぎられるとはいえ、「国籍を有するものの範囲内では相対的にみて広汎な人間の平等[*45]」を実現する。

アイデンティティの「同質性」をもとにしたアイデンティティ・ポリティクスは民主主義的である。そして、トランプを支持する白人労働者層もマジョリティによるアイデンティティ・ポリティクスに依拠していた。だから、白人労働者層が経済格差の是正を求めることと、移民を排斥することに矛盾はない。先のシュミットの民主主義における平等は次のようにいいかえられるからだ。トランプを支持する白人労働者層は、「白人としての同質性」をもとにしている。そのため、「白人という同じアイデンティティを有するものの範囲内では

42・シュミット「議会主義と現代の大衆民主主義との対立」『現代議会主義の精神史的状況』一四四－一四五頁
43・シュミット「議会主義と現代の大衆民主主義との対立」『現代議会主義の精神史的状況』一四六頁
44・シュミット「議会主義と現代の大衆民主主義との対立」『現代議会主義の精神史的状況』一四五頁
45・シュミット「議会主義と現代の大衆民主主義との対立」『現代議会主義の精神史的状況』一四五頁

相対的にみて広汎な人間の平等」として経済の格差是正を求める。しかし、そのいっぽうで、白人の「同質性」を脅かす「異質なるものの排除あるいは殲滅」を必要とする。その「異質なるもの」が移民である。

つまり、シュミットの観点に立てば、格差の是正を求めることと移民を排斥することは、民主主義というコインの両面であることがわかるだろう。そして、その排外主義の台頭がポリティカル・コレクトネスへの反発としてあらわれているのである。「まえがき」で見たように、現在の差別批判のロジックはシティズンシップの論理だった。つまり、同一性・同質性に基づく民主主義的なものというより、自由主義的なのである。「第三章 ハラスメントの論理」で詳しく見るが、人種差別や性差別を禁止しようとするポリティカル・コレクトネスはおもに大学や企業で実施・実現されているために、上流階級の道徳とみなされている。

シュミットが指摘したように、一九三〇年代にリベラル・デモクラシーは凋落の一途をたどり、ファシズムとコミュニズムが台頭した。リベラル・デモクラシーは終わるかに見えた。しかし、シュミットの予想に反して、リベラル・デモクラシーは生き長らえた。では、「自由主義的な個人意識と民主主義的な同質性」[*46]の、本来は「克服できない対立」は解消されたのだろうか。なぜリベラル・デモクラシーは生き長らえたのか。答えは簡単である。経済成長ができたからである。

フランクフルト学派の流れをくむドイツの社会学者のヴォルフガング・シュトレークは第二次大戦後三〇年間、西側諸国において資本主義と民主主義の「できちゃった結婚」が奇跡的に成立したと指摘している。

資本主義と民主主義は、第二次大戦の後になって両者は和解したかのようにみえたが、それまで長いあいだ敵対するものと考えられてきた。実際二十世紀になっても、資本家たちは、民主政治の多数派によって私有財産が没収されるのではないかと恐れつづけていた。他方で労働者と労働者組織は、資本家は自分の権益を守ってもらう見返りに全体主義体制に奉仕すると疑ってきた。ただ冷戦時代だけは、資本主義と民主主義は互いに協調したかのようにみえる。つまり経済発展をつうじて、多数派の労働者階級も自由市場や私有財産制を受け入れるようになった。そして、民主主義の自由が市場の自由化や利益追求と不可分であるだけでなく、それらに依拠していると考えられるようになった。しかし、現在、資本主義経済と民主主義政治の両立可能性にたいして、ふたたび強い疑念が抱かれるようになった。*47

46・シュミット「議会主義と現代の大衆民主主義との対立」『現代議会主義の精神史的状況』一五四頁

47・ヴォルフガング・シュトレーク『資本主義はどう終わるのか』村澤真保呂＋信友建志訳、河出書房新社、二〇一七年、七四頁

48・『資本主義はどう終わるのか』書評『週刊読書人』https://dokushojin.com/article.html?i=2857

ここで資本主義と民主主義の対立と呼んでいるものは、シュミットの自由主義と民主主義の対立を引き継ぐものとみなせる。シュトレークによれば、第二次大戦後に「民主制資本主義」が実現したのは、多くの人間が経済成長の分け前にあずかることができたために、自由主義と民主主義の対立が克服されたように見えたからである。しかし、一九七〇年代になると、経済成長に陰りが見えはじめた。それ以降、民主制資本主義は下の表にあるような危機の連続だったという。

シュトレークは民主制資本主義がもはや終わりつつあると述べている。ただ、資本主義の危機を連呼し、終焉を説くのは、資本主義批判の常套句でもある。資本主義が終わるかどうかはわからないというのが正直なところだ。

しかし、近年の中国の急激な成長を見ればわかる

	資本主義の危機への対応	対応から導かれる新たな危機
1970年代	急速なインフレ＝低成長下での労働者の賃上げと雇用確保のための通貨緩和政策。	高インフレは資本家に「カレツキ反動」*48を起こさせ、失業率を悪化させた。
1980年代	公的債務の増加＝インフレの収束による失業率の増大によって、生活扶助支出の増加。	金融市場が政府の債務返済能力を疑問視し、緊縮財政の実施と金融政策の引き締め。
1990年代	民間債務の膨張＝公共投資の削減によって縮小した総需要を、民間債務の膨張によって埋め合わせ。	2008年、その象徴であったサブプライムローンが破綻。

シュトレーク「第二章 民主制資本主義の危機」前掲書、105-131頁の記述をもとに作成。

ように、中国などの権威主義国家に比べて、リベラル・デモクラシー国家が没落しつつあることは、たしかである。アメリカの政治学者ヤシャ・モンクらによれば、「北米、西ヨーロッパ、オーストラリア、そして日本という、第二次世界大戦後にソビエトに対抗して西側同盟を形成した民主国家」は、そもそも「一九世紀末以降世界の総所得の大半を占有する地域」であり、二〇世紀後半に第二次世界大戦に敗れたドイツ（西ドイツ）と日本が民主国家として復帰すると圧倒的な経済力を持つようになった。しかし、「いまや過去1世紀で初めて、これらの国が世界のGDP合計に占める割合は半分を割り込んで」おり、「国際通貨基金（IMF）は、今後10年もすれば、その比率は3分の1へと落ち込むと予測している」という。[*49] そして、モンクらは「今後5年以内に世界の所得に占める中国、ロシア、サウジアラビアなど「自由ではない」と分類される諸国の割合は、欧米のリベラルな民主国家のそれを上回るようになるだろう」[*50]と予測している。「四半世紀の間に、リベラルな民主国家は先例のない経済的強さから、同様に先例のない弱体化の道を歩みつつある」[*51]のである。「リベラルな民主主義の理念が世界に広がっていく流れを作り出す上で、欧米の経済力が果たした役割を真剣に考慮しなければ、「民主主義の世紀」のストーリーを理解

49・ヤシャ・モンク、ロベルト・ステファン・フォア「欧米経済の衰退と民主的世紀の終わり――拡大する「権威主義的民主主義」の富とパワー」『フォーリン・アフェアーズ・リポート』二〇一八年六月、八頁

https://www.foreignaffairsj.co.jp/articles/201806_mounk/

50・モンク、フォア「欧米経済の衰退と民主的世紀の終わり」『フォーリン・アフェアーズ・リポート』九頁

51・モンク、フォア「欧米経済の衰退と民主的世紀の終わり」『フォーリン・アフェアーズ・リポート』九頁

することはできない」[52]とモンクらが述べるように、リベラル・デモクラシーの理念を支えてきたのは、その政治体制を採用した国々の高い経済成長であった。しかし、経済力そのものが弱体化してしまえば、リベラル・デモクラシーという理念そのものも疑わしいものとみなされるようになる。

すると、「自由主義的な個人意識と民主主義的な同質性」の「克服できない対立」が表面化するだろう。世界中で起きている排外主義やポリティカル・コレクトネスへの反発は、この対立の発露なのである。そして、適正な再分配をおこなって格差が是正できないかぎり、この排外的で民主主義的な（「非民主主義的な」ではない）傾向はより強まるだろう。しかし、すなわちそれは、民主主義が経済的な自由主義を犠牲にすることでもある。

たとえば、トランプ大統領を支持したひとびとには、先に紹介したラストベルトの白人労働者（没落しつつある中間層や貧困層）とは異なる支持層で、オルタナライトと呼ばれる集団がいる。ウェブ決済システムPayPalの創業者であるピーター・ティールは、経済的な自由を優先し国家による介入を批判する「リバタリアン」に近い思想を持っている。興味深いのはティールが、もはや「自由と民主主義が両立するとは思わない」[53]と述べていることである。もちろん、ティ

52・モンク、フォア「欧米経済の衰退と民主的世紀の終わり」『フォーリン・アフェアーズ・リポート』一一頁
53・木澤佐登志『ダークウェブ・アンダーグラウンド――社会秩序を逸脱するネット暗部の住人たち』イースト・プレス、二〇一九年、一九七頁

ールは民主主義を維持することで経済的な自由を犠牲にしてしまうことを批判しているわけだが、ティールは期せずして、自由主義と民主主義を区別したシュミットや、民主制資本主義の終わりを指摘したシュトレークと近い立場に立っている。

PCという汚名をそのまま肯定すること

さて、この章ではポリティカル・コレクトネスという言葉が生まれたアメリカの政治を例にとって、自由主義と民主主義というふたつの異質な政治システムの対立を見てきた。ポリティカル・コレクトネスをそのまま肯定するのではなく、むやみに否定するのでもない。ポリコレへの反発から問題点をあぶり出し、それを乗り越えることを目指す本書は、この分析からどのようなことを引き出すべきだろうか。

排外主義や国内的な差別は経済格差と大きくかかわっている。すでに指摘したように、格差の是正を求めることと移民を排斥することは、民主主義というコインの両面である。この傾向はEUにおいても同じである。経済の自由化や移民の受け入れといった自由主義的な政策をとるEUにたいして、ヨーロッパにおける反緊縮運動が、民族という「同質性」を担保するために「異質なもの」を排除する民主主義的な傾向=排外主義的な傾向を持つことはすでに指摘した。

たとえば、マーク・リラが提案するように「市民」という考えに立てば、差別も格差も「市民」の「尊厳」を傷つけるものだとして批判可能である。しかし、かつては「市民」の特権を享受していたはずの白人さえも、「市民」という理念を放棄し、（マジョリティによる）アイデンティティ・ポリティクスに訴えているのが現状なのである。

ここではふたたびポリティカル・コレクトネスという言葉の由来を考えてみよう。ポリティカル・コレクトネスは、共産党の路線に忠実な古い左翼を皮肉る言葉だった。しかし、その後、保守派によって流用され、差別問題に取り組む（ポリティカル・コレクトネスを尊重し、政治的な正しさを唱える）新しい左翼を攻撃する言葉となった。保守派は攻撃する際にスターリン主義や毛沢東主義といった全体主義のイメージを重ねてPCという罵倒を浴びせたのだ。

共産主義という理念にしたがい、階級闘争に専念することが、目の前にある差別を温存させ、助長しているのではないか。フェミニズムやマイノリティ運動（新しい左翼）による古い左翼への批判はこのようなものだった。たしかに、女性やマイノリティの差別問題にたいする新しい左翼のコミットメントは重要な成果をあげてきたが、いっぽうで階級闘争の重要性を忘却してきたように思われる。ローティが指摘したように、いまや新しい左翼は、みずから忘却していた階級闘争によって復讐されている。しかし、保守派によるポリティカル・コレクトネス（リベラルな言説）にたいする非難・攻撃は、古い左翼（階級闘争）と新しい左翼（差別問題）の分裂を期せずして修復する機会を提供している。ならば、ここではそのようなポリティカル・コレクトネスに着せられた汚名そのものを肯定してみてはどうだろうか。そうだ、私たちはポリティカル・コレクトネスを大義とする、古臭い左翼であり、新しい左翼でもある、と。格差と差別にたいする闘いはどちらも平等を求める闘いであることにかわりないのである。

第二章
日本のポリコレ批判

日本のポリコレ批判——内田樹『ためらいの倫理学』

多文化主義教育をめぐるアメリカの一連の騒動は、「ポリティカル・コレクトネス」という新しい言葉の紹介とともに、日本でも報道された。[*1] しかし、「ポリティカル・コレクトネス」という言葉が一般化したわけではなかった。たとえば、一九九三年に筒井康隆の小説『無人警察』の「てんかん」の記述が差別的だとして日本てんかん協会から抗議を受けたときには、その抗議を批判するように「言葉狩り」という言葉がひろく使われた。

では、ブルームやシュレージンガーのようなPC批判は日本になかったのだろうか。ブルーム、シュレージンガーのようなPC批判とは、①マルクス主義とアイデンティティ・ポリティクスの同一視、②国家統合の理念の擁護、③ポストモダン（ポストコロニアリズム・多文化主義）批判、といった特徴を持つ言説である。本書では内田樹『ためらいの倫理学』（二〇〇一年）がこの三つの特徴を持ったPC批判ではなかったか、と考えている。『ためらいの倫理学』は内田が自身のブログに執筆したエッセイを集めたもので、この書籍の刊行をきっかけに内田は世間にひろく知られることになった。

ここではまず『ためらいの倫理学』が書かれた背景を知っておくべきだろ

1・外岡秀俊「ポリティカル・コレクトネス論争、米で活性化 弱者への偏見正す動き」朝日新聞、一九九二年七月二一日夕刊。三本松政之、関井友子「ポリティカル・コレクトネス論争に関する研究ノート」『人間科学研究』第一六号、一九九四年う。『ためらいの倫理学』では、従軍慰安婦問題、新しい歴史教科書をつくる会、加藤典洋『敗戦後論』と歴史主体論争、教育現場での君が代・日の丸問題、などの九〇年代の差別やナショナリズムをめぐる言説が扱われているからだ。

「第一章 ポリティカル・コレクトネスの由来」で冷戦終結を背景とした民族問題が、多民族国家アメリカに与えた影響を指摘した（アイデンティティ・ポリティクスをめぐる対立・確執となってあらわれた）。日本は現在もなおアイヌといった先住民族、在日朝鮮人などの民族問題を抱えているが、冷戦後の日本では、国内の民族対立というより、むしろ、第二次世界大戦における日本の戦争責任をめぐって、韓国・北朝鮮や中国・台湾といった旧植民地圏の国家・地域との葛藤・対立としてその亀裂は浮上した。その象徴となったのが、いわゆる従軍慰安婦問題である。

一九九一年、韓国人の元慰安婦の金学順《キムハクスン》がみずからの被害を語り、東京地方裁判所に日本政府の謝罪と補償を求める訴えを起こした。その後フィリピンやオランダなどの元慰安婦らが日本政府を相手に訴訟を起こし、あらためて日本の戦争責任、戦時性暴力が問われることとなった。一九九二年には訪韓中の宮澤喜一首相が従軍慰安婦問題について謝罪、[*2] 一九九三年には河野洋平官房長官が日本軍の関与を認めて謝罪した「河野談話」が発表される。[*3] また一九九六年には慰安婦を「性奴隷」と位置づけ、日本政府に法的責任を受け入れることを求めたクマラスワミ報告が国連人権委員会に提出された。[*4]

戦時性暴力と軍によるその管理について、日本政府の責任を追及する流れにたいして、当然反発が起こった。たとえば、教育学者の藤岡信勝は既存の教科書の歴史記述を「明治の初めから日本は一路大陸侵略に乗り出し、近隣諸国を踏みあらした末に、戦争で国民は悲惨な目にあったとして、日本国家を専ら悪逆無道に描き出す「自虐史観」[*5]として批判した。一九九六年には、その藤岡を中心に国民が誇りを持てる歴史を教えようと「新しい歴史教科書をつくる会」が結成された。日本だけが戦争責任を問われるのは不当だとする言説は小林よしのり「ゴーマニズム宣言」シリーズや山野車輪『マンガ 嫌韓流』といった漫画でひろく拡散され、現在のネット右翼（ネトウヨ）に影響を与えたとされる。また、一九九八年に公立学校の入学式や卒業式で日の丸の掲揚と君が代の斉唱をするように文部省からの指導が強化され、翌九九年八月には日の丸を国旗、君が代を国歌と定めた国旗・国歌法（国旗及び国歌に関する法律）が公布・施行された。

冷戦後に生じた、第二次大戦中の日本の戦争責任の追及をめぐる一連の言説を「アイデンティティ」と「シティズンシップ」の論理で整理しておこう。植

2・「宮澤喜一内閣総理大臣の大韓民国訪問における政策演説」データベース「世界と日本」http://worldjpn.grips.ac.jp/documents/texts/exdpm/19920117.S1J.html

3・外務省「慰安婦関係調査結果発表に関する河野内閣官房長官談話」https://www.mofa.go.jp/mofaj/area/taisen/kono.html

4・ラディカ・クマラスワミ／国連人権委員会特別報告者「女性に対する暴力—戦時における軍の性奴隷制度問題に関して、朝鮮民主主義人民共和国、大韓民国及び日本への訪問調査に基づく報告書—」財団法人女性のためのアジア平和国民基金、一九九八年三月 http://www.awf.or.jp/pdf/0031.pdf

民地支配はある民族にたいする別の民族による不当な支配である。シュミットが指摘するように「民族」という「同質性」をもとにした運動が成り立つためには、「アイデンティティ」の論理が中心となる。

たいして、日本の植民地支配や戦争責任の追及に対抗してあらわれたのは、日本人の誇りを取り戻そうとする（日本人による）アイデンティティ・ポリティクス＝ナショナリズムだった。第一章で、一九八〇年代のアメリカで大学教育における西洋古典（カノン）の扱いをめぐる論争がポリティカル・コレクトネス登場のきっかけとなったことを紹介したが、日本では「新しい歴史教科書をつくる会」が中学の歴史教科書を発行するなど義務教育が争点となった（文科省の検定に合格したのは二〇〇一年）。

ただし、アメリカにおけるPC批判は、アメリカ建国の理念である市民（シティズンシップ）を掲げ、多文化主義教育（アイデンティティに依拠した政治の教育への導入）を批判するものであり、アイデンティティとシティズンシップの対立として位置づけられる。しかし、日本の場合、左派による戦争責任の追及も、それにたいする右派の反発も、「民族」という「同質性」に基づいた「アイデンティティ」の論理が支配的だった。後で詳しく述べるが、そのために朴裕河《パクユハ》の『和解

5・藤岡信勝『自由主義史観とは何か――教科書が教えない歴史の見方』ＰＨＰ文庫、一九九七年、八頁

のために』（日本語版、二〇〇六年）、『帝国の慰安婦』（日本語版、二〇一四年）などアイデンティティ＝民族の枠を超えて慰安婦問題を論じようとする言説は、猛烈な非難にさらされることになる。

では、内田樹『ためらいの倫理学』を具体的に見ていこう。そのまえに、ブルームやシュレージンガーによるアイデンティティ・ポリティクス批判の特徴を繰り返せば、①マルクス主義とアイデンティティ・ポリティクスに同一性・連続性を見ること、②国家統合の理念の擁護、③ポストモダン（ポストコロニアリズム・多文化主義）批判だった。

ここでは内田樹のフェミニズム批判を例にとろう。いうまでもなく、フェミニズムは女性というアイデンティティを持つ個人あるいは集団が社会的な地位向上を目指す運動であり、アイデンティティ・ポリティクスを代表する運動である。まず内田は同書所収の「アンチ・フェミニズム宣言」でマルクス主義者とフェミニストをともに「正義のひと」だと指摘している。内田によれば、他者を糾弾し、告発するという「審問の語法」が両者に共通しているのだという。ここには「「私は正しい」ことを論証できる知性」はあっても、「「自分は間違っているかも知れない」と考えることのできる知性[*6]」はない。①で示した

6・内田樹「アンチ・フェミニズム宣言」『ためらいの倫理学――戦争・性・物語』角川文庫、二〇〇三年、一四六頁（単行本は冬弓舎、二〇〇一年）

ように、内田はブルームと同じくマルクス主義とアイデンティティ・ポリティクスに同一性・連続性を見ている。そして、弱者をまえにして自己改悛《かいしゅん》し、自己改悛したことで他者を罰する権利を獲得するという「審問の語法」が「ポリティカリーにコレクト」な「ポストモダン」思想にひろく見られると指摘している。

サルトルが論争家としての本能から選んだこの戦術は、その後ポストモダン期の「ポリティカリーにコレクト」なムーヴメントの中で大々的に活用されることとなった。／「私は自らの暴力性を審問しつつ弱者に共感する」、「私はわが自己同一性を引き裂きつつ異質なものを受け容れる」という柔弱の語法が、倫理的な高さと知的な優越性の指標として公共的に認知され、その一方で、「他者の痛みに対する想像力の欠如」、「おのれの権力性についての無自覚」といったクリシェが論争の「切り札」となったのである。被差別者、被抑圧者、人種的少数派、障害者、あらゆる種類の社会的「弱者」をおのれの証人として召喚し、「彼らは〈私の他者〉である。彼らの現前は私が無反省的に〈私〉に安住していることを許さない」と宣言することによって、「自己審問者」はめでたく「改悛」を成就する。／「私は差別者だ。私は抑圧者だ。私は多数派だ。私は健常者だ。私は強者だ」。この宣告はただちに「免罪符」として機能し始める。そして、「改悛せるエゴサントリスト」という特権的立場から、改悛をためらうすべての同類に対して苛烈《かれつ》な審問を行う権利を彼らは手に入れるのである。[*7]

差別を批判する権利は被差別者にある、という考えを示す言葉として、「足を踏んだ者には、踏まれた者の痛みがわからない」という言葉を「まえがき」で取りあげた。このようなアイデンティティの論理にたいして、みずからを差別者と認定し、反省することで、被差別者を代行して（あるいは被差別の当事者と連帯し）他者の責任を追及する権利を得る、代行主義的な知識人を内田は批判しているわけだ。また③で示したように、ブルームもまたアイデンティティ・ポリティクスの隆盛の背景に「ポストモダン」思想があると批判していた。

さらに興味深いのは、「「ポリティカリーにコレクト」なムーヴメント」が、他者とのコミュニケーションを断念する点で、「排外主義的ナショナリスト」と共通している、と述べられることだ。「審問の語法」は「「他者」という言葉を口にするとき、彼らは必ず誰かを糾問《きゅうもん》し、こづきまわし、断罪するためにその言葉を利用している」。しかし、本来、「「他者」問題」とは、「他者と私のあいだには、いかなる〈愛〉の関係が成り立ちうるのか？」という「愛」が問題

7・内田樹「越境・他者・言語」『ためらいの倫理学』二八八－二八九頁

となるべきである。[*8] だが、ポストモダンの思想家は、「愛」の問題として他者を考えることなく、「他者とのコミュニケーション」を「とりあえず断念」してきた。そのような姿勢は、「排外主義的ナショナリストたち」と共通している。

現在、世界的な規模で進行している排外主義的なナショナリストたちや原理主義者たちのプロパガンダは、つきるところ「私は私であり、他者は他者である。その間に架橋《かきょう》することは不可能である」という古くて新しい命題に収斂《しゅうれん》する。／この命題は、古代的な異族排除の論理と同型でありながら、現在の他者論のフレームワークを一部受け継いでいる。というのも、「他者性の哲学者」たちは他者とのコミュニケーションを、「とりあえず断念する」ところから出発したからである。彼らは交通不能の他者を「外部」に設定し、それはそのまま「かっこに入れて」〔……〕そのような「外部」を構想しうる自分の知的威信を「内部」に向けて行使することに専ら努めてきたのである。[*9]

8・内田「越境・他者・言語」『ためらいの倫理学』二八九頁
9・内田「越境・他者・言語」『ためらいの倫理学』二九九頁

この内田の引用を敷衍すると次のようになるだろう。「足を踏んだ者には、踏まれた者の痛みがわからない」に象徴されるように、アイデンティティの論理とは差別の苦しみや不利益は被差別者にしかわからないとする考えであった。しかし、ポストモダンの思想家はこのようなアイデンティティの論理を尊重するあまり、被差別者＝他者と「コミュニケーション」をとることを断念してしまった。そして、もっぱら被差別者を「交通不能の他者」として扱うことで、（本来は被差別者のものである）差別の告発を代行する資格を得ようとしてきた。しかし、内田は、ポストモダンの思想家たちの他者にたいする態度は、実は「排外主義的ナショナリスト」たちの他者にたいする態度と共通しているのではないか、というのである。そして、興味深いのは、内田が冷戦終結後の民族対立の激化に言及していることである。

> アフリカやバルカン半島での内戦が示すように、ほんの少し前まで「共生」し、まがりなりにもコミュニケーションを成り立たせていた人々が、突然おのれの絶対不変・還元不能の本質を発見し、「異族」とのコミュニケーションの不可能性を知ったかのように事態は進行している。[*10]

10・内田「越境・他者・言語」『ためらいの倫理学』二九一頁

内田は「ルワンダやロシア、ボスニアやカンボジアやアルジェリア」における「戦いの目的」が「共同体間の混淆《こんこう》、混血、共生を伝えるすべてのものを抹消すること」であると指摘する。[*11] 第一章でアイデンティティの論理と、シュミットの「民主主義」概念を比較した。民主主義は、アイデンティティに依拠し、アイデンティティはその「同質性」を求めるために、「異質なものの排除あるいは殲滅」を必要としたことを思い起こそう。②（国家統合の理念の擁護）で示したシュレージンガーと同じく、アイデンティティ・ポリティクスが民族間の対立を招き、国家の統一に危機をもたらすことを内田は指摘しているわけである。

ただ奇妙なことなのだが、内田がアイデンティティ・ポリティクス批判の矛先を、マイノリティに向けることはない。あくまでも、弱者によるアイデンティティの論理をいったん受け入れ、みずからの改悛を介して他罰的に振る舞う者、すなわち、マイノリティに代わって差別を告発する（代行主義的）日本の知識人に向けられる。

内田は非当事者による、代行主義的なアイデンティティ・ポリティクス（差

11・内田「越境・他者・言語」『ためらいの倫理学』二九一頁

別批判）を批判する。かといって、藤岡信勝の自由主義史観、小林よしのりの「ゴーマニズム宣言」、日の丸掲揚・君が代斉唱の強制を認めるというわけではない。これらはマイノリティによるアイデンティティ・ポリティクスとはまた別の、日本人マジョリティが国家にアイデンティティの根拠を見出そうとするものである。内田にとって国家とは、簡単に同一化できる対象ではない。

国歌や国旗に対しては「愛着と反感」を、「誇りと恥」を同時に感じてしまうというのが、近代国家の国民の自然な実感なのである。それはベトナム戦争を経験したアメリカ人、スターリン主義を経験したロシア人、ヴィシー政権を経験したフランス人、ナチズムを経験したドイツ人、文化大革命を経験した中国人……どの国民でもみな同じである。国家の名においておかされた愚行と蛮行の数々。それと同時に国家の名において果たされた偉業の数々。その両方を同時にみつめようとしたら、私たちの気持ちは「ねじくれて」しまって当然なのである。それをどちらかに片づけろというのは、言う方が無理である。[*12]

12・内田「愛国心について」『ためらいの倫理学』七〇頁

つまり、左右のアイデンティティ・ポリティクスに「ためらい」を持ち、左翼的な弱者への同一化も、右翼的な国家への同一化も、ともに拒むことが内田樹の倫理学なのである。アイデンティティ・ポリティクスにたいして、ブルームやシュレージンガーはシティズンシップの論理をもって対抗したが、内田はシティズンシップを対抗的に持ち出すことは避け、「ためらい」という消極的な姿勢を示すにとどまる。なぜシティズンシップを標榜することが避けられたのだろうか。ここで注目すべきは、『ためらいの倫理学』において、内田が加藤典洋『敗戦後論』（一九九七年）を高く評価していることだ。ひとまず、内田は加藤の『敗戦後論』にブルームやシュレージンガーの「市民」の代わりになるものを見出したといえる。

シティズンシップの不在――加藤典洋『敗戦後論』と歴史主体論争

『敗戦後論』で加藤典洋は、第二次大戦後の日本人の人格は護憲派と改憲派に分裂している、あたかも「ジキル氏とハイド氏」のように、と指摘する。その分裂は戦争責任にたいする日本の政治家の態度としてあらわれているという。分裂とは、アジア諸国への侵略を認め、謝罪するいっぽうで、侵略ではなかったと発言し、批判を浴びてただちに撤回するという、閣僚クラスの政治家たちによって何度も繰り返された二枚舌を指す。加藤によれば、戦争放棄を記した九条を持つ日本国憲法はアメリカの軍事力によって押し付けられたが、日本国民はその憲法の理念にすぐに説得された。この憲法を尊重してきた戦後民主主義には「わたし達は「強制」された、しかし、わたし達は根こそぎ一度、説得され、このほうがいいと思った」という「ねじれ」がある。この「ねじれ」を引き受ける努力を怠った結果、政治家個人のレベルでも、国家のレベルでも人格分裂にいたっている。加藤は人格分裂を克服するためには、「ねじれ」をそのままに受けとめる[*13]必要があるとする。その具体的な方法として「現行憲法を一度国民投票的手段で「選び直す[*14]」こと、「二千万のアジアの死者」への哀悼のまえに「悪い戦争にかりだされて死んだ死者を、無意味のまま、深く哀悼する[*15]」ことをあげる。

のちに書かれた『戦後的思考』（一九九九年）では、「ねじれ」についてより明確に次のように述べられている。第二次大戦の敗戦国であり、戦後はリベラル・デモクラシーを採用した西ドイツの言説と日本のそれを比較・検討しながら、加藤は『敗戦後論』に近い立場としてドイツの哲学者ユルゲン・ハーバーマスをあげる。ハーバーマスは、アウシュヴィッツを歴史的に相対化することで「恥ずかしさ」を避けようとする歴史修正主義を批判し、「自分たちがアウ

13・加藤典洋『敗戦後論』ちくま学芸文庫、二〇一五年、二八頁（単行本は講談社、一九九七年）
14・加藤『敗戦後論』八一頁
15・加藤『敗戦後論』八三頁

シュヴィッツ以後に、アウシュヴィッツを通じてしか——ということは、文化国民としての自分の誇りとか正しさとか自恃の念だとかを一切破砕されつくした後で——この他者への前代未聞の悪とそのことによる自己破砕を通じてしか、憲法の普遍的な原理を我がものにできなかったこと」、そのことへの「恥ずかしさ」を重要視している。[*16] 加藤はハーバーマスがいう「恥ずかしさ」をじしんの「ねじれ」の感覚に相当するとしている。日本は、侵略戦争によって自国だけではなく他国の多数のひとびとを犠牲にしなければ、日本国憲法を獲得することができなかった。しかし、このような「ねじれ」を護憲派も改憲派も無視することでその立場が成立している。加藤にとって戦後民主主義とはまさに憲法と死者をめぐる問題だった。

まず指摘しておきたいのは、藤岡信勝らのナショナリズムと加藤の主張が区別されるのは、加藤はナショナリズムを超えるという展望を持っている点である。加藤は「国民というナショナルなものの回復に、むしろつながることなのではないか」[*17]という予想される反論にたいして、次のように述べる。

——日本社会の人格の回復とここで語られていることは新しい「われわれ」——

16・加藤典洋「第一部 戦後的思考とは何か／Ⅰ 一九九七年の「歴史主体論争」——日本・ドイツ・韓国」『戦後的思考』講談社文芸文庫、二〇一六年、三七頁（単行本は講談社、一九九九年）

17・加藤「Ⅲ 分裂の諸相」『敗戦後論』五八頁

の立ち上げということで、その新しい「われわれ」は、当然、共同性として国民と同じカテゴリーの中にあるが、それはそのカテゴリーの中で、従来のナショナルな国民のあり方と対立している。そのような別種の「われわれ」の対置なしに、従来のナショナルな共同性が解体をへて、それがより開かれたものになるということは、ありえないのである。[*18]

「新しいわれわれ」は「国民というナショナルなもの」でも「世界市民の立場」でもない。[*19] のちの論考「語り口の問題」(『敗戦後論』所収)では、哲学者のハンナ・アーレントに依拠しながら「公共性」と呼ばれるようになる。『敗戦後論』の単行本あとがきで、加藤はみずからの主張を次のように整理している。重要な箇所なので少し長いが引用しよう。

ところで、これをわたしは、「語り口の問題」では一歩進め、共同的なものとしてある死者との関係を公共的なものに変えること、それが先の人格分裂の克服の意味だと述べている。ここでは、この死者との関係を広く他者との関係と考えてもらってもよい。その場合、他者との関係が共同的

18・加藤「III 分裂の諸相」『敗戦後論』五九頁
19・加藤「III 分裂の諸相」『敗戦後論』五九頁

だというのは、同一性を基礎にした集合性だというほどの意味であり、公共的だというのは、互いに異なる個別性と差異性を基礎にした集合性というほどの意味である。〔……〕

この共同性と公共性という観点に立ち、歴史の問題を見ると、先の問いに対するわたしの答えは、次のようなものになる。

まず、共同的な他者との関係とは、こういうことである。

旧改憲派は、自分たちをナショナルな他者、国内の他者との関係で自己同定化（アイデンティファイ）している。彼らの論理が、自国の三百万の死者の英霊化による哀悼が脱落している。彼らの論理が、自国の三百万の死者の英霊化による哀悼をいいながら、二千万の他国の死者をそこに位置づけられないものとなっているのは、それが単一にナショナルな他者との同一的な共同的関係であることの現れである。

しかし、旧護憲派も、その事情は変わらない。彼らは、この旧改憲派のナショナルな共同性を否定し、自分たちをいわばインターナショナルな他者、国外の他者との関係で自己同定化することで、反共同性の立場に抜け出たと考えるが、それは単なるイデオロギー的な反転に過ぎない。そこでのインターナショナルな他者との関係も、それが国内の他者を排した同一の他者とのイデオロギー的な連帯に過ぎない以上、わたしのいうイデオロギー的な共同的関係のままなのである。そこには、先の場合と同じく異質な他者、国内的な他者との関係の項が脱落している。彼らの論理が二千万人のアジアの死者への謝罪をいいながら、三百万人の自国の死者をその関係のなかに位置づけられないのは、これも、そこにあるのが単一な他者との同一的な――つまり共同的な――関係であることの現れなのである。[*20]

注意すべきは「共同性」が「同一性を基礎にした集合性」、「公共性」が「互いに異なる個別性と差異性を基礎にした集合性」と定義されていることだ。シュミットの民主主義と自由主義の区別にしたがえば、「同一性を基礎にした集合性」は民主主義の「同質性」に、「個別性と差異性を基礎にした集合性」は自由主義の「多様性」に、それぞれいいかえることができる。つまり、共同性＝「アイデンティティ」、公共性＝「シティズンシップ」と読みかえることができる。そして、加藤が批判するのは左右両方の「共同性」＝「アイデンティ

20・加藤「あとがき」『敗戦後論』三四三－三四四頁

ティ」の論理だったわけだ。下のような表で整理できる。

ブルームやシュレージンガーは「アイデンティティ」＝「共同性」にたいして、アメリカ憲法の「市民」という理念に訴えることができた。それは「アイデンティティ」＝「共同性」を超えてひとびとをひとつにまとめ上げる“one people”という理念があったからだ。だが、加藤にとって、現行の日本国憲法は成立過程にアメリカによる「押し付け」の疑念があるために、“one people”に匹敵する何らかの理念を担うことができない。加藤はアメリカ合衆国憲法における「市民」に代わるものとして、日本国憲法をそのまま、今度は主体的に選びなおすことで「新しいわれわれ」＝「公共性」を打ち立てようとしたといえる。

さて、加藤典洋『敗戦後論』にたいして、ジャック・デリダの研究者だった高橋哲哉が批判をくわえたことで、「歴史主体論争」が始まった。アジアの死者よりも先に自国の兵士を追悼するという加藤の主張を高橋は次のように批判した。

――汚辱の記憶を保持し、それに恥じ入り続けるということは、あの戦争が――

反差別のロジック	政治思想	主体	他集団との関係	集団内	差別を批判できるのは	敗戦後論
アイデンティティ	民主主義	集団	差異化	同質性	被差別者（特定のアイデンティティ）	共同性
シティズンシップ	自由主義	個人	同化	多様性	みんな（市民たる自覚あるもの）	公共性

> 「侵略戦争」だったという判断から帰結するすべての責任を忘却しないということを、つねに今の課題として意識し続けるということである。このすべての責任の中には、被侵略者である他国の死者への責任はもとより、侵略者である自国の死者への責任もまた含まれる。侵略者である自国の死者への責任とは、死者としての死者への必然的な哀悼や弔いでも、ましてや国際社会の中で彼らを〝かばう〟ことでもなく、何よりも、侵略者としての彼らの法的・政治的・道義的責任をふまえて、彼らとともにまた彼らに代わって、被侵略者への償いを、つまり謝罪や補償を実行することでなければなるまい。[*21]

また別の論考では「自国の死者への閉じられた哀悼共同体、自国の兵士の死者への閉じられた感謝の共同体として日本の「国民主体」を作り出し、結局は日本の戦争責任をあいまいにすることにつながる」[*22]と述べるように、高橋の批判は加藤の主張が結局のところナショナリズムにすぎないのではないか、というものだった。

たいていの論争がそうであるように、歴史主体論争もほぼ噛み合っていな

21・高橋哲哉「Ⅲ-1 汚辱の記憶をめぐって」『戦後責任論』講談社学術文庫、二〇〇五年、二一八-二一九頁（単行本は講談社、一九九九年）

22・高橋「Ⅱ-2 日本のネオナショナリズム2——加藤典洋氏「敗戦後論」を批判する」『戦後責任論』一六八頁、傍点は削除した

い。やや強引ではあるが、「シティズンシップ」と「アイデンティティ」という観点から整理してみたい。『敗戦後論』の加藤が「共同性」ではなく「公共性」を志向するものであっても、高橋からナショナリズムではないかという批判を受けた。しかし、注意して読みなおすと、実は加藤は加藤で、高橋にたいして「共同性の言葉ではいえないことが、共同性の語り口でいわれている」[*23]と批判している。

〔高橋哲哉の〕「汚辱の記憶を保持し、それに恥じ入り続けるということは、あの戦争が「侵略戦争」だったという判断から帰結するすべての責任を忘却しないということを、つねに今の課題として意識し続けるということである」

　という言葉にわたしが〔なぜ〕異議を感じるかといえば、そこでは、共同性の言葉ではいえないことが、共同性の語り口でいわれているからである。一言でいえば、「汚辱の記憶を保持し、それに恥じ入り続ける」ということのうちに、こういう言い方をできなくさせるものが、本質としてある。にもかかわらず、それがこのように語られていることが、わたしに

23・加藤『敗戦後論』二九六頁
24・加藤『敗戦後論』二九五－二九六頁

――「鳥肌を立たせ」、違和感を生じさせるのである。[*24]――

「共同性」にかんして先に引用した部分では、「旧護憲派」は「旧改憲派のナショナルな共同性を否定し、自分たちをいわばインターナショナルな他者、国外の他者との関係で自己同定化することで、反共同性の立場に抜け出たと考えるが、それは単なるイデオロギー的な反転に過ぎない」と説明されていた。「公共性」の水準であることがらを「自分たちをいわばインターナショナルな他者、国外の他者との関係で自己同定化する」という「共同性」の「語り口」をもって語っているが、それは矛盾ではないか、というわけだ。

しかし、高橋は海外の被害者に同一化する論理、いいかえれば「共同性」に依拠した論理は使っていないのである。高橋はジャック・デリダを念頭に置きつつ、責任（responsibility）が「応答可能性」という意味を持つことを指摘し、戦争の被害者や犠牲者の呼びかけにたいして応答することが責任なのだ、と指摘する。そして高橋によれば「応答可能性としての責任は国境を知らない」[*25]のであり、「加害者と被害者の枠をも超える」[*26]ものである。つまり、高橋にとって、責任・応答はあらゆる「共同性」を超えるもの、と想定されている。ここに加

25・高橋「I-1「戦後責任」再考」『戦後責任論』四五頁
26・高橋「I-1「戦後責任」再考」『戦後責任論』四五-四六頁

藤の高橋にたいする批判（疑義）が生じるわけだが、加藤によれば、「汚辱の記憶を保持し、それに恥じ入り続ける」というレトリックはその趣旨に違反しているのではないか、いいかえれば「共同性の言葉ではいえないことが、共同性の語り口でいわれている」のが問題であるというわけだ。

加藤の批判から離れても、高橋は（共同性・国境を超えるとしながらも）アイデンティティの論理に陥っているといえるかもしれない。少し説明しよう。高橋は従軍慰安婦たちが、日本政府の戦争責任を追及し、謝罪や補償を求める訴えにたいしては、「日本政府に法的責任を履行させる「日本人としての」政治的責任[*27]」があるという。もちろん、高橋は日本人という民族への同一化を説いているわけではない。あくまでも応答すべき主体は、「国籍法によって日本国民の一員であり、日本国憲法によって日本国家の政治的主権者である人[*28]」という「法的・政治的な存在[*29]」である。また、いっぽうで高橋は加藤の『敗戦後論』を狭隘なナショナリズムにとどまるものと批判しながらも、「植民地支配に抵抗する被支配民族のナショナリズムを否定することはできない〔……〕抵抗のナショナリズム、解放のナショナリズムの中には、やはりどこかに、すべての植民地支配の否定につながる普遍性の通路が含まれている[*30]」と評価してい

27・高橋「I-1「戦後責任」再考」『戦後責任論』五五頁
28・高橋「I-1「戦後責任」再考」『戦後責任論』五三頁
29・高橋「I-1「戦後責任」再考」『戦後責任論』五三頁
30・高橋「II-3 ネオナショナリズムと「慰安婦」問題」『戦後責任論』一八九頁

る。このように、高橋は良性と悪性のナショナリズムを区別しているが、そのような区別は成り立つものなのだろうか。高橋の議論もやはり「民族（ナショナリズム）」という「アイデンティティ」の論理の枠組みを超え出るものではなかったのではないか。

両者の思想的な資質を無視していうと、加藤、高橋はそれぞれのやり方で「アイデンティティ」の論理を超えることを模索している。しかし、議論の展開が不十分であるために、双方が論争相手から「アイデンティティ」の論理に陥っているという批判を受けている、と図式化できる。

実際、社会学者の上野千鶴子は、加藤と高橋の双方にナショナリズムという批判を向けている。上野は加藤にたいして「死者に「国境」を引くことで、「日本人」の国民的主体を構築しようとしている」[*31]と批判している。日本の死者と外国の死者を各々のナショナリズムに取り込んでしまう、という批判だろう。いっぽうで高橋にたいしては、「わたしには被抑圧民族のナショナリズムは正しい、と言い切ってしまうことができない」、「ナショナリズムのなかでは個人と民族とを同一化することで「われわれ」と「彼ら」を作りだしているが、この集団的同一化は、強者・弱者のいずれのナショナリズムの場合にも、

31・日本の戦争責任資料センター編『ナショナリズムと「慰安婦」問題』青木書店、二〇〇三年、一一二頁

罠としてわたしたちを待ち受けている」[*32]と批判している。

従軍慰安婦問題にかんして上野は「フェミニズムはナショナリズムを超えるか」という問いを立て、「アイデンティティ」の論理を超える可能性を模索している。


フェミニズムの目的はある排他的なカテゴリーをべつの排他的なカテゴリーに置き換えることではない。「女性」という本質主義的な共同性をうちたてることでもない。「わたし」が「女性」に還元されないように、「わたし」は「国民」に還元されない。そのカテゴリーの相対化をこそ意図している。

国民という集団的なアイデンティティの排他性を超えるために呼び出されるのが、他方で「世界市民」や「個人」あるいは「人間」として、という抽象的・普遍的な原理である。あらゆる国籍を超えたコスモポリタン、普遍的な世界市民という概念もまた、危険な誘惑に満ちている。それはあらゆる帰属から自由な「個人」の幻想を抱かせ、あたかも歴史の負荷が存在しないかのように人をふるまわせる。「国民」でもなく、あるいは「個

32・上野千鶴子『ナショナリズムとジェンダー 新版』岩波現代文庫、二〇一二年、一九二－一九三頁（単行本は青土社、一九九八年）

人」でもなく。「わたし」を作り上げているのは、ジェンダーや、国籍、職業、地位、人種、文化、エスニシティなど、さまざまな関係性の集合である。[*33]

上野は、アイデンティティの閉鎖性から離脱を志向するシティズンシップの論理が、しばしば「世界市民」や「個人」といった抽象性を帯びることに自覚的である。その抽象性を警戒しつつも、NGOといった「市民」の活躍を評価することになる。

政府が「国家として謝罪し、補償する」ことを「国民＝投票者として」政策決定者たちに委託すればそれで終わるのだろうか。ここには代議制民主主義の限界と「代表＝代弁」の論理がある。それに対して直接民主主義と直接行動の論理を対置したのがNGOであった。NGOは、Non Government Organizationすなわち非政府組織である。NGOは政府を代弁することもないし、政府によって代弁されることもない。たとえ核実験を支持する政府を持っていたとしても、それに反対する行動を起こすこ

33・上野『ナショナリズムとジェンダー 新版』一九九－二〇〇頁

とができるのがNGOである。またそうすることが市民的な義務でもある。「慰安婦」問題に関しては、訴訟を支持する支援グループがただちにできたこと、そして多くの民間市民団体が元「慰安婦」の証言を聞き、戦後補償を考える催しを各地で持ってきたことがそうした動きにあたる。各地の県議会や市町村議会が、「慰安婦」記述を歴史教科書から削除せよという要請決議を挙げるに際して、それを阻止したり、取り消させたりした市民の動きもそのひとつである。[*34]

歴史主体論争において、「アイデンティティ」から「シティズンシップ」へ、という転換を最も鮮明に打ち出したのは、上野千鶴子だったといえる。しかし、宗主国と旧植民地という民族的葛藤の場面で（現在と現在に至る歴史のなかで）、そのような「シティズンシップ」の論理は成立するだろうか。また、維持されるだろうか。

34・上野『ナショナリズムとジェンダー 新版』二一三－二一四頁

シティズンシップとアイデンティティの対立
――『帝国の慰安婦』をめぐって

二〇一四年に原著に大幅な改訂を施し邦訳が刊行された朴裕河《パクユハ》『帝国の慰安婦』をめぐる論争は、その意味で象徴的な出来事だった。本書は、「『朝鮮人慰安婦』を大日本帝国「臣民」と捉え直し、日本軍兵士と「同志的関係」を結んだとして、「加害・被害」の二項対立を乗り越え、日韓「和解」の道を開こうとする」ものと評されるが、[*35]「元「慰安婦」被害者九人が「「慰安婦」たちが日本軍の「協力者」であり「同志」であったという虚偽の事実を流布された」などとして名誉毀損による損害賠償と出版禁止などを求めて民事提訴するいっぽう、名誉毀損罪で刑事告訴し」たことをめぐり、韓国や日本で大きな論争が起こった。[*36]

朴によれば、「慰安婦と兵士が共有する憐憫の感情」が理解されず、「国家の抑圧の中で持っていた共感や憐憫の記憶を無化したまま、抵抗や憎しみの記憶だけが受け継がれてきた」[*37]のは、「彼らの関係を単に対称的なものと捉えてきたから」だという。『帝国の慰安婦』は、日本軍兵士と従軍慰安婦が、「加害者」と「被害者」という絶対的な非対称性はあるものの、両者ともに「帝国」

35・「[寄稿]朴裕河氏の「帝国の慰安婦」めぐり擁護と批判で初の討論会」ハンギョレ新聞(ハンギョレ)、東京新聞記者 土田修、二〇一六年四月二二日(修正四月二三日)http://japan.hani.co.kr/arti/international/23951.html

36・「[寄稿]朴裕河氏の「帝国の慰安婦」をめぐり擁護と批判で初の討論会」ハンギョレ新聞(ハンギョレ)

37・朴裕河『帝国の慰安婦――植民地支配と記憶の闘い』朝日新聞出版、二〇一四年、九三頁

38・朴『帝国の慰安婦』九三頁

の犠牲者ととらえる。すでに刊行された従軍慰安婦の証言集や日本の小説から両者の「共感や憐憫の記憶」[*38]を引き出している。朴の歴史記述は、「抵抗と闘争のイメージ」だけでは「日本に協力しなければならなかった朝鮮人慰安婦の本当の悲しみ」を表現できないとして、慰安婦に強いられた「被害者で協力者という二重の構造」[*39]をあきらかにしようとしたものだった。[*40]

上野は『帝国の慰安婦』を次のように高く評価している。「『帝国の慰安婦』がもたらした学問的インパクトは、「実証」の水準にではなく、「語り」と「記憶」の水準にある。そしてそのことを見逃す『帝国の慰安婦』評価は、すべて的外れだといってもよい」[*41]。上野によれば、『帝国の慰安婦』は実証的な側面ばかりが批判され、朴が見出した日本の植民地支配における「構造的強制」の問題が見逃されている。

「被害者で協力者という二重の構造」（……）は、他国（台湾を除いて）の性暴力被害者にはない。二流の「代替日本人」として「協力を強制」された日本人びと。これまでの「慰安婦」研究書とちがって、本書に向き合った日本の読者に「厳粛」（高橋源一郎）な感銘を与えたとしたら、この「帝国の原罪」

39・朴『帝国の慰安婦』一五六頁
40・朴『帝国の慰安婦』一五六頁
41・上野千鶴子「『帝国の慰安婦』のポストコロニアリズム」浅野豊美＋小倉紀蔵＋西成彦編著『対話のために――「帝国の慰安婦」という問いをひらく』クレイン、二〇一七年、二四六頁とでもいうべき構造を目の前に突きつけられたからである。そして「自発性」と「協力」までを動員してしまう植民地支配の罪の重さを、肺腑に沁みるように感じさせたからである。そしてそれこそが著者の意図だったことだろう。「屈辱と抵抗」の記憶だけを戦後の「公式記憶」としたことで、この強制された「協力と自発性」の記憶は抹消された。著者が「慰安婦」の「第3の声」を拾おうとしたのも、抹消された記憶を復権するためだろう。それというのも「彼女たちに降りかかった〈強制性〉の複雑さ」（……）を論じるためだった。[*42]

しかし、犠牲者の「自発性」と「協力」まで動員するという「構造的強制」という観点が『帝国の慰安婦』にたいする猛烈な批判を呼ぶ原因となった。（強制された）自発性を慰安婦に認めたことが、慰安婦の名誉を傷つけたとして刑事告訴された[*43]（一審は無罪、二審は有罪判決、現在上告中）。また、「構造的強制」という観点は、日本政府の責任を減免させるとも批判されている。朴裕河の主張は、批判者によって、「天皇や日本政府には性奴隷制に対する法的責任があるのではなく、植民地支配と関連した象徴的で構造的なレベルの責任である」と読みか

42・上野「「帝国の慰安婦」のポストコロニアリズム」『対話のために』二四八頁

43・『帝国の慰安婦』朴裕河教授、控訴審で名誉毀損の有罪」ハンギョレ新聞（ハンギョレ）、二〇一七年一〇月二七日（一〇月二八日修正）
http://japan.hani.co.kr/arti/politics/28812.html

えられ、「責任に関するこのような形の腹話術は、責任を虚構化し、責任を回避するための装置に過ぎない」と批判される。[*44] 実際、朴は「挺身隊や慰安婦の動員に朝鮮人が深く介入したことは長い間看過されてきた」[*45] と朝鮮人協力者の存在を指摘しているため、日本政府や日本人の責任を減免させるような印象を与えるのだろう。また実証的な側面においても千田夏光《せんだかこう》による証言集などの二次文献（の再解釈）に基づいた歴史記述である点や、田村泰次郎《たいじろう》や古山高麗雄《こまお》の小説を援用するといった点に批判が集中した。[*46]

たしかに参考文献には朴自身による元慰安婦への聞き取り（直接証言）があげられている。しかし、この聞き取り調査は、「二〇一三年秋から冬」に実施されたと記されており、日本語版序文で「韓国語版を出した後、わたしは元慰安婦の方たち数人に会いました」[*47] と書かれた箇所は元慰安婦との面会を指すと思われる（韓国語版は二〇一三年八月）。ここで朴は元慰安婦との面会のなかで、「特に親しくなった方」ができ、「対話を重ねながら、わたしはこの本で考えたことが正しかったとの確信を得ることができ」たとし、「本書は図らずも、そして遅ればせながら、彼女の思いを代弁する本になりました」と述べている。その「彼女」は「「日本を許したい」「許したら日本もどうにかするのではないか」

44・李在承「感情の混乱と錯綜——「慰安婦」についての誤ったふるい分け」前田朗編『「慰安婦」問題の現在——「朴裕河現象」と知識人』三一書房、二〇一六年、六七頁
45・朴『帝国の慰安婦』四九頁
46・能川元一「『帝国の慰安婦』における資料の恣意的な援用について——千田夏光『従軍慰安婦』の場合」、前田編『「慰安婦」問題の現在』一〇九－一三一頁など
47・朴『帝国の慰安婦』一三頁

と話し、日本を非難する言葉に与したくないと話していた」という。元慰安婦は「今は亡きその方」と書かれており、故人であるようだ。元慰安婦に直接確認をとることができないため、「彼女についてはいずれまた書くつもりです」と述べている朴による証言の公表を待たねばならない。

しかし、いくつかの問題点を指摘することができる。歴史書であるにもかかわらず、元慰安婦への聞き取り調査が韓国語版の出版後におこなわれた、ということ。そして、序文の記述では、彼女の証言は朴の歴史記述にかんするもの、というよりも、「日本を許したい」という「彼女の思い」にかぎられていること。たとえ彼女の証言が『帝国の慰安婦』の歴史記述を裏付けるものであったとしても、（すでに歴史記述の方向性や枠組みが定まったあとでの聞き取り調査による）証言がはたして資料として認められるのか、ということなどである。

歴史学の議論をする用意も力量も筆者にはないが、「抵抗や憎しみの記憶だけが受け継がれてきた」として「慰安婦と兵士の共有する憐憫の感情」を引き出そうとして、慰安婦団体の証言集とともに古山高麗雄の戦争小説に記述の多くが割かれ、フィクションと事実の関係性や、書き手が日本人男性であるといった問題が考慮されずに援用されている箇所を見ると、歴史記述として正確さを欠くという印象は否めない。[*48] しかし、いっぽうで言論への批判は言論でなされるべきであって、研究を萎縮させるような刑事告訴の対象とされるべきではない。とはいえ、ここで注目したいのは、なぜ朴の著作が大きな論争を巻き起こしたのか、ということである。

『帝国の慰安婦』をめぐる論争は、「アイデンティティ」と「シティズンシップ」の論理の対立、すなわち、「自由主義的な個人意識と民主主義的な同質性」が「克服できない対立」であることを象徴する出来事だったといえる。『帝国の慰安婦』を批判する従来の従軍慰安婦問題をめぐる言説は「アイデンティティ」の論理が支配的である。植民地支配とは、ある民族にたいする別の民族による不当な支配であるから、植民地支配にたいする批判はどうしても「民族」という「同質性」をもとにした論理と運動になる。先に検討したカール・シュミットが指摘したように、民主主義の「同質性」を保つために「必要があれば、異質なるものの排除あるいは殲滅《せんめつ》が必要である」。かつての日本による植民地支配への批判は、朝鮮人の「同質性」を根拠とした「異質なるもの」（日本人と日本人の周辺）にたいする拒絶・確執・対立と考えることができる。

これにたいして、朴裕河は、植民地支配を「帝国」という政治体制の問題として捉えようとする。朴は著作の冒頭「日本語版のための序文」で、「慰安婦問題をこれまでのように「戦争」に付随する問題ではなく、「帝国」の問題と

48・朴『帝国の慰安婦』八七－九三頁

して考えた」といっている。「「慰安婦」を必要とするのは、普段は可視化されない欲望――強者主義的な〈支配欲望〉です。それは、国家間でも、男女間でも作動します。現れる形は均一ではありませんが、それをわたしは本書で「帝国」と呼びました」[*49]。ここで朴は、男性性（男性による女性の支配）といったミクロの次元から、政治や経済といったマクロの次元にまで共通する「支配欲望」を「帝国」と呼んでいるようだ。朴によれば、慰安婦問題とは「〈男性と国家と帝国〉の普遍的な問題」[*50]であり、日本にかぎらず「〈帝国作り〉に参加した国家はほとんど、構造的に「慰安婦」を必要とすることになる」[*51]からである。たとえば、次のような記述が「帝国」という問題意識を明瞭にあらわした箇所だろう。

近代国家は「富国」のために資源を獲得し、商品を売るために、自国の影響力の及ぶ領土を拡張しようとした。現代国家は露骨に領土拡張をしようとはしないが、自国の利益のために「力」の及ぶ領域を広げようとする欲望とそのための働きかけは、依然として続いている。そしてそのような試みに軍人が動員される。一人で故国を離れていく彼らのために、自国あ

49・朴「日本語版のための序文」『帝国の慰安婦』一〇頁
50・朴『帝国の慰安婦』二七五頁
51・朴『帝国の慰安婦』二八五頁

るいは相手国の利益に応じて女性たちが動員されもする。自国を離れて長い間一種の隔離状態という歪んだ構造に放置されることになる彼らのために、「慰安婦」が用意されるのである。それは最初は業者によるものだったり女性たち個人によるものだったりしたが、そのうちその効用に気付いた国家がその提供と管理をするようになった。「慰安」とは、そのとき「愛国心」が媒介されることで、そのことが女性の搾取であることを、自他共に見えにくくした言葉でもある。[*52]

従来の慰安婦言説におけるアイデンティティの論理からすれば、日本軍兵士と朝鮮人慰安婦の関係は敵／友という「同質性」に依拠した対立の関係でしかない。しかし、朴の「帝国」という視点から見れば、日本軍兵士と朝鮮人慰安婦は「同じく国家によって動員された存在」であり、「同志でありながら、構造的に加害者と被害者となった」[*53]として、両者の共通性を指摘することになる。しかし、そのような共通性の指摘は、ナショナリズムが拮抗する場でのアイデンティティの論理からすれば、「同質性」と「異質性」の対立をあいまいにさせてしまうものにほかならない。

52・朴『帝国の慰安婦』二八六頁
53・朴『帝国の慰安婦』二九五頁

すでに説明したように、旧植民地国が日本の戦争責任を問うなかで、それにたいするリアクションとして、日本人のアイデンティティ・ポリティクスが登場した。朴もまた、「日韓はこの問題（従軍慰安婦問題）で接点を見いだせずに葛藤を繰り返し、両国民の感情はいまや取り返しのつかないほどに悪化し」、また日本国内においても慰安婦にかんする見解の相違によって「いまだに真っ二つに引き裂かれたまま、国家も国民も対立[*54]」していると認識している。たとえば、このような認識のもとに朴は前著『和解のために』（日本語版、二〇〇六年）では、韓国の市民団体と連帯する日本の「「良心的」知識人と市民[*55]」が「韓国のナショナリズムには目を塞いでいる構造」に疑問を述べ、「日本の徹底した「謝罪」をうながす行動は、韓国のナショナリズムを拡大するばかりで、問題の解決へと向かうのではなく、いっそうの対立を招いているようにみえた[*56]」と批判している。ここでは朴はナショナリズム＝アイデンティティの論理が持つ「同質性」と「異質性」の対立を批判している。

興味深いのは『和解のために』には、本書で示した認識の多くがすでにかなりの程度で入ってい」るとしながら、『帝国の慰安婦』では、慰安婦問題を「戦争」ではなく、「帝国」の問題としてとらえたと述べていることだ[*57]（この「帝

54・朴「日本語版のための序文」『帝国の慰安婦』九頁
55・朴裕河『和解のために——教科書・慰安婦・靖国・独島』佐藤久訳、平凡社ライブラリー、二〇一一年、二三頁（単行本は平凡社、二〇〇六年）
56・朴『和解のために』二四頁
57・朴『帝国の慰安婦』九－一〇頁

国」の含意については先に少し触れた)。

一般的にいえば、帝国は「地理的に広大な範囲におよび、複数の民族を直接ないし間接的に統治下においている、支配機構や政治の体制[*58]」であるといえる。歴史学者の與那覇潤が指摘するように、帝国の支配においては複数の民族を支配下に置くために、民族の文化や習俗を超える普遍的な理念を必要とする[*59]。もちろん、朴が「〈国家勢力拡張＝帝国〉[*60]」と記すように、ソ連の「社会主義」や大日本帝国の「大東亜共栄圏」といった帝国の理念は、ある民族によるほかの民族への支配を正当化し、その支配を継続するために自国民にも犠牲を強いるイデオロギーともなった。朴は帝国という視点をとることで、日本軍兵士と朝鮮人慰安婦を「加害者」と「被害者」という絶対的な差はありつつも、「同じく国家によって動員された存在」としてとらえることになった。

ここで興味深いのは、朴は韓国や日本にアメリカ軍が駐留する現状を「新帝国体制[*61]」と呼び、「米軍基地は東アジアの冷戦構造を維持しながら、いまなおアジアに対する「帝国」として存在しつづけ[*62]」ており、そのような「帝国」にたいして抵抗するために日本と韓国の「和解」が必要だと述べていることだ。「「帝国」として存在した――植民地を支配した――ことに対する反省意識は、

58・與那覇潤『知性は死なない――平成の鬱をこえて』文藝春秋、二〇一八年、一九六頁
59・與那覇『知性は死なない』一九七頁
60・朴『帝国の慰安婦』八八頁
61・朴『帝国の慰安婦』二九五頁
62・朴『帝国の慰安婦』二九六頁

反戦意識ほどには日本国民の共通意識にならなかった」が、「日本人の犠牲を中心においた戦争記憶だけでなく、〈他者の犠牲〉に思いをはせるような、反支配・反帝国の思想を新たに表明することができたら、その世界史的な意義は大きい」として、次のように述べている。[*63]

不和は日韓の保守を右傾化させ、冷戦的思考は基地を存続させる。そのような現在の状態を抜け出さない限り、日本の軍国主義を批判してきた人たちが、結果的にアジアを軍事大国にするだけだ。日韓の基地問題を解決するためにも、日韓の連携は必要だ。真の〈アジアの連帯〉は、日本の帝国主義に先んじて始まった西洋の帝国主義と、彼らが残している冷戦的思考を乗り越えることで可能になる。そのときアジアは初めて、西洋を追いかけてきた〈近代〉を乗り越えることにもなるだろう。[*64]

つまり、帝国という複数の民族を支配する政治体制を脱するためには、民族の対立を超えた「連携」が必要となる。つまり、「反帝国」もまた民族を超えた「連携」であるべきであり、日韓の「和解」はアメリカの「帝国」的な支配

63・朴『帝国の慰安婦』三一三頁
64・朴『帝国の慰安婦』三一四頁

に対抗する「真の〈アジアの連帯〉」の端緒となるべきである。朝鮮人慰安婦と日本軍兵士をともに「帝国」の犠牲者と見る視点もまた、このような「反帝国」という発想からきている。

注意すべきは、朴が主張する「真の〈アジアの連帯〉」が、先に指摘した上野千鶴子のシティズンシップの論理にかぎりなく近いということだ。もちろん、朴の立場からすれば「シティズンシップ」という考えは、アメリカの「帝国」的な支配を正当化するイデオロギーにすぎないだろう。しかし、「真の〈アジアの連帯〉」もまた、「国民という集団的なアイデンティティの排他性を超え」た「連携」を（その危険性を警戒しつつも）目指すものだからだ。しかし、「市民」の理念の欺瞞性・空虚さを批判してきたアイデンティティの論理からすれば、そのような「連携」は日本人に都合の良い考えにしか見えないし、アイデンティティ・ポリティクスが依拠する「同質性」を危うくさせてしまう。『帝国の慰安婦』をめぐる論争は、「アイデンティティ」と「シティズンシップ」の論理が「克服できない対立」であることを象徴する出来事だったのである。

人民の不在——吉本隆明と加藤典洋の差異

さてここまで『敗戦後論』をめぐる論争を「アイデンティティ」と「シティズンシップ」の観点から整理してきた。では、加藤典洋の『敗戦後論』、それを高く評価する内田樹『ためらいの倫理学』が自由主義と民主主義の区別においてどのような位置にあるか、それを考えてみたい。先に説明したとおり、『ためらいの倫理学』はブルームやシュレージンガーによる「ポリティカル・コレクトネス」批判の、日本における対応物だった。ここであらためて取り上げたいのは、『敗戦後論』で批判が集中した死者の追悼をめぐる問題ではなく、憲法の選びなおしという問題である。

加藤が指摘するように、日本国憲法はアメリカの軍事力を背景に成立したものだった。GHQがつくった憲法草案を日本政府が翻訳したことはよく知られている。たとえば、「国政は、国民（people）の厳粛な信託によるものであって、その権威は国民に由来し、その権力は国民の代表者がこれを行使し、その福利は国民がこれを享受する」という憲法前文の文言は、リンカーンの演説「人民（people）の人民による人民のための政治」に由来する。日本国憲法ではpeopleが「国民」と誤訳されている。[*65]

65・篠田英朗『ほんとうの憲法——戦後日本憲法学批判』ちくま新書、二〇一七年、二五－二六頁

「第七章　天皇制の道徳について」で詳しく述べるが、peopleが国民と誤訳された背景には、天皇制の存続にかかわる問題がある。たとえば、象徴天皇制を規定する第一条の文言「日本国民統合の象徴」は英語訳だと“the symbol of the Unity of people”である。本来ならば、「日本人民統合の象徴」と訳さなければならない。しかし、日本人民であれば、在日朝鮮人や中国人もまたそのなかに含まれることになる。「万世一系」を掲げる天皇制が朝鮮人や中国人の象徴というのはあきらかに矛盾している。実際、一九五〇年に国籍法が制定されたことで、在日朝鮮人や中国人は日本国民から除外されさまざまな権利が剝奪されている。

加藤は条文を変更せずに現行憲法をそのまま選びなおすことで「ナショナル」な「共同性」を抜け出て「新しいわれわれ」を打ち立てられるとみなしている。しかし、それは、結局「ナショナル」な「われわれ」ではないのか。たとえば、高橋哲哉や上野千鶴子による「ナショナリズム」という批判にたいして、『戦後的思考』で加藤はそのような「国民国家批判」は「マルクス主義を焼き直ししたその延命形」にすぎないのではないか、と反論している。もしマルクス主義ではないのだとしたら、「革命以外の、この批判に立つ現実改変の方法を示す必要があるだろう」として、その際に、現在、「革命」が「不可能なチョイス」となった理由を考えてみてもらいたい、とややアイロニカルな調子で述べている。[*66]

同じく『戦後的思考』では、戦後における「ねじれ」を軍国主義から民主主義への「集団転向」としてとらえ、戦後民主主義（「戦後の新しい理念」、個人の自由と基本的人権に基礎を置く、近代の理念）は「集団転向による戦争の死者への裏切り」によって成立したと指摘している。[*67] ここで注目すべきは、加藤が『敗戦後論』『戦後的思考』を通じて、吉本隆明を評価していることだ。『敗戦後論』では「人間の思想変換における「汚れ」の自覚のもつ思想的な意味合いを取り出している」[*68]と注で言及し、『戦後的思考』では「戦争と敗戦の経験に一つの「ねじれ」がひそむことを直覚した」[*69]とし、そして、吉本の『転向論』に「「戦後的思考」の原型」を見出している。[*70] 加藤の議論はしばしば日本はアメリカに不当に支配されているという対米従属論として語られるが、むしろいかに（戦後民主主義という）転向を合理化し、正当化するか、といった吉本の思想の系譜にある。

実際、加藤は『転向論』の読解を試みている。加藤によれば、吉本は『転向論』において「日本の革命思想に一石を投じようというよりは、むしろ自分が敗戦でぶつかった難題をこそ石として、これを戦前の転向の問題に投げこもうとしている」[*71]とし、「どうすれば、「誤り」から「正しさ」は望見されるのか」という問題を考察している。[*72] しかし、吉本隆明の『転向論』と加藤典洋の『敗戦後論』を比較すると、加藤自身が認識していない、両者の興味深い相違点を

66・加藤典洋「第一部 戦後的思考とは何か／I 一九九七年の「歴史主体論争」——日本・ドイツ・韓国」『戦後的思考』一四頁

67・加藤「第二部 戦前——誤りをめぐって／II 罪責感を超えるもの——吉本隆明「転向論」の意味」『戦後的思考』九六頁

68・加藤典洋『敗戦後論』三一二頁

69・加藤『戦後的思考』一一〇頁

70・加藤『戦後的思考』一五二頁

71・加藤『戦後的思考』一二二頁

72・加藤「II 罪責感を超えるもの」『戦後的思考』一五二頁

見ることができる。

まず、吉本隆明の『転向論』において、「革命」は決して「不可能なチョイス」と思われていなかったということである。吉本の名を一躍有名にした『文学者の戦争責任』（武井昭夫との共著、一九五六年）では、戦前は戦争協力詩を書き、戦後になると一転民主主義を寿《ことほ》ぐ詩を書き散らした壺井繁治《つぼいしげじ》といった共産党に所属した詩人が批判されている。『転向論』に結実する共産党批判の端緒となったものだが、そこで問題とされていたのは、「「敗戦革命」の挫折の責任問題[73]」であり、「戦後民主革命の挫折の文学的責任[74]」である。

> 戦後日本の民主革命が決定的に挫折した現在、こういう言辞によってかれら前衛的部分が、自己の戦後責任を横流しにしようとしていることが問題なのだ。いいかえれば、かれらの言辞のなかには、戦争によって膨大なギセイを支払いながら、わたしたちが購いえたものが、戦後十年で空無に帰したことにたいする痛切な実感がどこにもないのだ。[75]

たとえば、『転向論』について「なぜ敗戦が革命によってもたらされるよう

73・吉本隆明「戦争期」『吉本隆明全著作集8』勁草書房、一九七三年、一三六頁

74・吉本「民主主義文学批判」『吉本隆明全著作集4』勁草書房、一九六九年、一一八頁

75・吉本「文学者の戦争責任」『吉本隆明全著作集13』勁草書房、一九六九年、四二〇頁

な条件を作りえなかったかという問題に対して答えが求められている」[*76]と読解した鶴見俊輔は、『転向論』における「戦後日本の民主革命」の「挫折」の責任＝「戦後責任」の追及というモチベーションを正しくとらえている。もちろん、「革命」を「不可能なチョイス」とする加藤はこのオーソドックスな『転向論』の読解を浅薄だとしてしりぞける。吉本が、戦後、革命であれ自力再建であれ、建設的な探求を自分に課したはずはないからとしている。

日本国憲法の成立を国民自身の手で成し遂げることができず、戦後民主主義に「集団転向」したことで戦争の死者を裏切っていることが、加藤のいう「ねじれ」だった。しかし、その「ねじれ」とは、吉本から見れば、革命の「挫折」、すなわち「戦後日本の民主革命」が中途半端に終わった結果にほかならない。もちろん、加藤にとって「革命」は「不可能なチョイス」でしかなく、（ある時期までの）吉本が否定した戦後民主主義は支持すべきものである。

『敗戦後論』をめぐっては、死者の追悼ばかりが争点とされてきたが、現行憲法の国民投票による選びなおしが提案されていたことに注意しよう。加藤のいう「ねじれ」は、革命の「挫折」である。「ねじれ」をそのまま受け止める、という加藤の提案は「挫折」を「挫折」のまま受け止めることに等しい。つま

76・加藤『戦後的思考』一二四頁

り、吉本の『転向論』が、（中野重治らの）転向＝挫折を合理化し、正当化したように、戦後民主主義という転向＝挫折を正当化する必要がある。しかし、その挫折＝転向を正当化する方法として、現行憲法の国民投票による選びなおしが提示されている。国民投票は、日本国憲法の正統性を得るために、日本国民が成し遂げられなかった、憲法制定という革命的契機の代わりとして、提案されている。しかし、それは本当に「革命」の「代わり」になり得るのだろうか。憲法を選びなおす主体は、はたして「国民」で良いのだろうか。「国民」投票による選びなおし、という時点ですでにごまかしがあるのではないか。そのごまかしがあるからこそ、戦後民主主義という挫折＝転向を合理化し、正当化する加藤の主張が可能になる。しかし、そのために、加藤が目指す「新しいわれわれ」＝「公共性」を打ち立てることができないのではないか。

ブルームやシュレージンガーがアメリカの建国史や憲法の理念の重要性を説いたとき、彼らはpeopleという普遍原理に依拠することができた。しかし、天皇を日本国憲法第一条で象徴と規定していることの帰結として、日本政府は、peopleを国民と訳し、人民と天皇の、憲法と主権をめぐる関係の齟齬を隠蔽し、取り繕ってきた。だから、peopleは日本国憲法においては普遍的な原理となりえない。加藤は日本国憲法の「ねじれ」を直視せよ、というが、「ねじれ」とはむしろ、people＝国民と解釈し（誤訳し）見て見ぬふりをしてきた戦後憲法体制そのものではないだろうか。加藤がいうように「共同性」から「公共性」へといたるためには、people＝国民という誤訳のもととなった天皇にかんする条項を削除して、people＝人民という普遍性を名実ともに憲法の根幹に据えて、初めて「ナショナル」な枠を超えた「新しいわれわれ」を打ち立てられるのではないだろうか。

「革命」を目指すマルクス主義において、国民国家にたいする批判的な観点から、nation＝「国民」ではなく、people＝「人民」という呼称が好んでもちいられた。共産主義においては、それは他民族への支配を正当化する「帝国」をつくったが、いっぽうで民族の偏狭さを超え出る理念でもあった。加藤は「革命」を「不可能なチョイス」ととらえてしまったため、「新しいわれわれ」をpeople＝「人民」として主張できなかったように思われる。だが、すでにブルームやシュレージンガーの言説で見たように、たとえマルクス主義の立場に立たなくても、加藤が信奉するリベラル・デモクラシーの立場においてさえも、「people」＝「人民」という普遍性は十分に獲得できるのである。たとえば、上野千鶴子はみずからの憲法改正案で天皇制の廃止と、peopleを「日本の人々」と訳すことを提案している。[*77] 国民投票による選びなおし、という加

77・上野千鶴子『上野千鶴子の選憲論』集英社新書、二〇一四年

藤の提案は、日本国憲法制定という「革命」の代わりのように見えるが、「国民投票」という手段を提示した時点で、すでに人民（people）が隠蔽され、国民（nation）とのすりかえがおこなわれているのである。

『敗戦後論』がこの点を看過してしまったことを象徴的に示したのが、日本にたいして「「愛着と反感」を、「誇りと恥」を同時に感じてしまう」と吐露した内田樹が、その二〇年後に「天皇主義者」になったことだろう。[*78] 内田の主張は、これまで日本政府が認めてこなかった集団的自衛権を限定的に容認した「安保法制」を進めた第二次安倍内閣にたいして、二〇一九年四月で生前退位（譲位）した明仁《あきひと》（現上皇明仁）のリベラルな姿勢を支持するものだった。たしかに第二次大戦の激戦地を訪れ、日本人だけでなく犠牲になった現地のひとびとに哀悼の意をささげた明仁は、大多数の日本人に、戦争責任を受け止めたとみなされただろう。いまや天皇は戦後民主主義（リベラル・デモクラシー）の最大の擁護者である。「第七章 天皇制の道徳について」で詳述するが、平成において天皇制の存在感が増したのには、自由主義と民主主義の対立を「調整」する君主としての役割がその大きな理由となっている。

78・内田樹『街場の天皇論』東洋経済新報社、二〇一七年

第三章
ハラスメントの論理

ハラスメント——ポルノとヘイト規制の論理

これまでの章では、アラン・ブルームや内田樹が、アイデンティティ・ポリティクスに基づく反差別言説を「ポリティカル・コレクトネス」として批判してきたことを説明した。しかし、これらは、いま私たちが漠然とPCと呼ぶものとはあきらかに異なっている。アイデンティティの論理による差別批判において被差別者（当事者）が重視される。当事者以外が差別を批判するにしても、あくまでも差別者の代わりとして、である（代行主義）。だが、「まえがき」で示したように、私たちはいまや「みんなが差別を批判できる時代」に生きている。それでは、ヘイトスピーチ規制法を正当化するような、市民であれば、だれもが差別を批判できる、というシティズンシップの論理はどこに由来するのだろうか。

ここで思い出して欲しいのが、ミシガン大学のスピーチコードである。一九八八年にミシガン大学が、「人種・エスニシティ・宗教・性差・信条・出身国・祖先・年齢・結婚状況・障害・ヴェトナム戦争下での兵役状態などにかんして、他人の心を傷つけ屈辱感を与えるような表現を使用してはならない」というスピーチコードをつくったことはすでに説明した。このスピーチコードの設置は、ヘイトスピーチの法規制が意図するものと実によく似ていないだろうか。結論を先にいうと、いま私たちが「ポリティカル・コレクトネス」と呼んでいるシティズンシップの論理は、このアメリカの大学のスピーチコードが公共空間全体に広がったものである。

在日特権を許さない市民の会（在特会）などの排外主義団体が問題視され、二〇一六年にヘイトスピーチ解消法が公布・施行された。排外主義に反対する知識人の多くは、解消法が罰則規定を持たない理念法にとどまったことを批判するが、その際、ヨーロッパの先進性が必ずといっていいほど引き合いに出される。特にドイツにはヘイトスピーチにたいして三ヵ月以上五年以下の自由刑を科す民衆煽動《せんどう》罪があったが、二〇一八年からはヘイトスピーチの投稿を二四時間以内に削除しないソーシャルメディアにたいして最大五〇〇〇万ユーロの罰金を科す法律が施行されている。[*1]

このように、ドイツをはじめとしたヨーロッパ諸国はヘイトスピーチの法的規制にたいしては積極的だが、いっぽうでアメリカは規制に消極的であるとされる。[*2] ヘイトスピーチの法的規制にかんしては、一九九二年のR.A.V.対セントポール市という裁判が知られている。ミネソタ州セントポール市で白人少年たちが、黒人家庭の住宅の敷地内に侵入し、十字架を燃やしたという事件があった。セントポール市には「ある者のなした表現行為が人種、肌の色、信条、宗教、性にもとづく怒り、不安、憤りをもたらし、それが「喧嘩言葉」を構成

1・金尚均「ドイツにおけるヘイトスピーチ対策」『国際人権ひろば』一三五号、アジア・太平洋人権情報センター、二〇一七年九月 https://www.hurights.or.jp/archives/newsletter/section4/2017/09/post-29.html

2・桧垣伸次「ヘイト・スピーチ規制論について――言論の自由と反人種主義との相克」『シノドス』二〇一三年七月二四日 https://synodos.jp/society/5010

する程度に至った場合に刑罰を科す」[*3]という「偏見を動機とした犯罪に関する条例」があり、少年たちの行為に適用されることになった。これにたいして白人少年たちがこの条例が合衆国憲法修正第一条で保障された表現の自由に反すると主張した。連邦最高裁がこの条例を表現の自由に反すると違憲判決をくだしたため、アメリカにおいてはヘイトスピーチの規制がむずかしいことを示した判例として知られる。

実際、ミシガン大学のスピーチコードも一九八九年に表現の自由に反すると違憲判決がくだされている。一九九一年にはウィスコンシン大学、一九九三年にはミシガン中央大学、一九九五年にはスタンフォード大学など、相次いで大学のスピーチコードに違憲判決がくだされた。では、アメリカでは本当にヘイトスピーチが規制されていないのだろうか。この点について、アメリカの政治学者エリック・ブライシュがきわめて興味深い指摘をしている。ブライシュによれば、一連の違憲判決は「大学キャンパスにおけるスピーチコードの終焉にはつながらなかった」[*4]という。

――むしろ、そうしたコードはこの時期に増加したのである。より限定的な――

3・小谷順子「憎悪表現(ヘイト・スピーチ)の規制の合憲性をめぐる議論」『シノドス』二〇一三年五月二三日 https://synodos.jp/society/4013/3「なお、「喧嘩言葉」とは「言葉自体が侵害を与え、あるいは平和の破壊を即座に引き起こす傾向にある」表現を指し、連邦最高裁の先例のなかで、わいせつや名誉毀損と並んで表現規制が許されるとされた表現領域である。」(小谷順子前掲論文)

4・エリック・ブライシュ『ヘイトスピーチ――表現の自由はどこまで認められるか』明戸隆浩ほか訳、明石書店、二〇一四年、一四二頁文言を作成した大学があった一方で、多くの大学は裁判所の判決にもかかわらずそのポリシーを維持した。今日における大学キャンパス内ポリシーのほとんどは、雇用法において禁じられているタイプの言論を対象にしたハラスメント禁止規定からなっている。キャンパスにおいて「脅迫的、敵対的ないし不快な環境」を作り出すヘイトスピーチは、処罰の対象となりうる差別の一形態であると定義されている。[*5]

ブライシュが指摘するのは、ヘイトスピーチを規制する根拠となる規定が、スピーチコードからハラスメント規制へと姿をかえたということだ。ここでハラスメントと呼ばれるのは、レイシャル・ハラスメント（＝人種的ハラスメント）と呼ばれるものである。レイシャル・ハラスメントという言葉は日本でようやく紹介されはじめたばかりだが、アメリカでは一般的に知られている。[*6]

ヘイトスピーチを規制する法律を持たないアメリカは、このハラスメントの禁止を代用して、実質的にヘイトスピーチを規制している。差別批判における「シティズンシップ」の論理の中心にあるのは、このハラスメント規制という考えなのだ。そして、これは日本でも事情はかわらない。ただし、日本ではレ

5・ブライシュ『ヘイトスピーチ』一四三頁
6・金明秀『レイシャルハラスメントQ＆A――職場、学校での人種・民族的嫌がらせを防止する』解放出版社、二〇一八年

イシャル・ハラスメントが一般的に知られているとはいいがたいので、ここでは最もよく知られたハラスメントである「セクシャル・ハラスメント」を例にとって考えてみよう。アメリカではヘイトスピーチ規制はポルノグラフィ規制と並べて論じられる。そのどちらも人種差別や性差別表現にたいする規制とみなされるからだ。

　身近な例をとって見てみよう。日本において「オタク」文化における「萌え絵」が女性を蔑視する性表現だという批判はこれまでも繰り返されてきた。たとえば、二〇一五年には三重県志摩市の海女《あま》さんをモデルにした「碧志摩《あおしま》メグ」が「性的な部分を過剰に強調していて不快だ」と批判され、市が公認を取り下げるという出来事があった。[*7] また、二〇一八年にはノーベル賞を解説するNHKの特設サイトにバーチャルユーチューバーの「キズナアイ」が起用されたことを受けて、「性的表現にすぎるのではないか」と批判が起こった。[*8] どちらも、公共性が求められるNHKの番組や市のPRキャラクターに、性的表現はふさわしくない、という批判だった。これらの性表現の規制において、重要なのは「セクハラ」という考え方である。

二〇一八年、京都造形芸術大学で美術家の会田誠《あいだまこと》による公開講座を受講した

7・「色っぽ過ぎる海女キャラ「碧志摩メグ」公認を撤回…海女さん三〇九人署名　作者申し出　三重県志摩市」『産経WEST』二〇一五年一一月五日　https://www.sankei.com/west/news/151105/wst1511050052-n1.html

8・山本一郎「NHK「キズナアイ」騒動、バーチャルユーチューバーや萌え絵柄は番組のパーソナリティとして適切か」『Yahoo!ニュース』二〇一八年一〇月四日　https://news.yahoo.co.jp/byline/yamamotoichiro/20181004-00099257/

9・「「会田誠さんらの講義で苦痛受けた」女性受講生が「セクハラ」で京都造形大を提訴」『Yahoo!ニュース』二〇一九年二月二七日　https://headlines.yahoo.co.jp/hl?a=20190227-00009302-bengocom-soci

女性が、「涙を流した少女がレイプされた絵や、全裸の女性が排泄している絵、四肢を切断された女性が犬の格好をしている絵などをスクリーンに映し出すという内容」[*9]を見て精神的苦痛を受けたとして、大学側に慰謝料を求める訴訟を東京地裁に起こした。女性側は「作家の作品の是非や、セクハラ言動そのものでなく、そうした環境を作り出したことに問題があった」としており、性表現の規制を求めるというよりは、大学当局の対応に不満があったことが訴訟理由となっている。しかし、ここで登場した「環境型セクハラ」という考えが、性表現の規制に大きな影響を及ぼしつつある。

キリスト教の影響が強かった欧米ではポルノグラフィは社会秩序や性道徳を乱す「猥褻物」としてかねてから規制の対象とみなされてきたが、一九七〇年代からフェミニストの一部からポルノグラフ

NHK「「キズナアイ」のノーベル賞 まるわかり授業」
https://www3.nhk.or.jp/news/special/nobelprize2018/index.html

ィ批判が起こった。[*10]「ポルノグラフィは理論であり、レイプは実践である」（ロビン・モーガン）という文句が知られるように、ポルノグラフィは性暴力を正当化するという批判である。そして、一九八〇年代には弁護士のキャサリン・マッキノンと法哲学者のアンドレア・ドウォーキンがポルノグラフィ規制条例の制定を求める運動をおこなった。一九八三年にミネアポリス市、一九八四年にインディアナポリス市の市議会がポルノ規制の条例案を可決したが、いずれも廃案となっている。ミネアポリス市は市長による拒否権によって廃案になったが、インディアナポリス市の場合は、合衆国憲法修正第一条で保障されている表現の自由に反するとして連邦裁による違憲判決がくだっている。

ここで重要なのは、マッキノンが、差別を禁止した公民権（civil rights）に依拠することでポルノを規制すべきだと主張していることだ。マッキノンは、ポルノグラフィにおいて、女性だけではなく、「性転換者」や「黒人」もまた、「性的ステレオタイプ」として差別的に表象され、二級市民のような扱いを受けていると指摘する。[*11]マッキノンは、「市民」としての尊厳を傷つけるがゆえに、ポルノグラフィを規制せよ、と述べているわけである。一見、女性による「アイデンティティ」の論理のように見えながら、「シティズンシップ」の論理な

10・以下の記述は、ヴァレリー・ブライソン『争点・フェミニズム』「第8章　ポルノグラフィ」江原由美子監訳、勁草書房、二〇〇四年による

11・キャサリン・マッキノン、アンドレア・ドウォーキン『ポルノグラフィと性差別』中里見博＋森田成也訳、青木書店、二〇〇二年、六八－六九頁

のである。

マッキノンによるポルノグラフィ批判にはおおまかにふたつのポイントがある。まず①ポルノは出演する女性に直接の危害を及ぼし、性的に搾取している、②ポルノを視聴することが女性への性暴力の原因となっている、というものだ。①に関しては、いまなお女性のアダルトビデオへの出演強要が問題になっていることからもわかるが、しかし、この問題はポルノグラフィを規制せずとも問題を指摘し対応できることである。大きな論点となったのが、②のポルノの視聴と性暴力の因果関係の有無である。たとえば、マッキノンは次のように述べている。

合法的な書籍販売業者がマルキ・ド・サドの『ソドムの一二〇日』をときどき売っているからといって、この国の女性と子どもが今現在売り買いされていることにはならない。しかし、合法的な書籍販売業者が今現在それを売っていることが原因で、女性と子どもがレイプされているのである。それゆえ、暴行脅迫の原因となるポルノグラフィを販売したことを理由に彼らを裁判にかけることができるのである。*12

12・マッキノン、ドウォーキン『ポルノグラフィと性差別』七五頁マッキノンが主張するように、性暴力の表現は現実の性暴力に結びつくのだろうか。この因果関係は証明されるにいたっていない。たとえば、一九六八年にジョンソン大統領は「猥褻とポルノに関する諮問委員会」を設置し、二年間にわたってポルノグラフィが与える影響について実証的な調査がおこなわれたが、性暴力とポルノとの因果関係は認められなかった。法でポルノを規制するというマッキノンらの試みは潰《つい》えたかに見えたが、アメリカのフェミニストで、ポルノ規制法反対派だったナディーン・ストロッセンによれば、セクシャル・ハラスメントという概念が、性的表現を規制する根拠となったという。

> 検閲賛成派フェミニストは、セクシャル・ハラスメントに関する法律や社会の概念に影響を及ぼすことによって、あらゆる場面における性的表現を非合法化することに驚くほどの成功を収めた。〔……〕ポルノグラフィ反対派フェミニストは、性的表現はどんな場合でも女性を貶《おとし》めるという論理に基づき、ポルノグラフィはセクシャル・ハラスメントであり、少なくとも職場やキャンパスでは禁止すべきだと主張した。[*13]

一九八六年、マッキノンらのインディアナポリス市のポルノグラフィ規制法にたいして違憲判決がくだった同じ年に、奇しくもアメリカ連邦最高裁はセクハラにかんする重要な判決をくだした。メリトア貯蓄銀行ＦＳＢ対ヴィンソン裁判の判決において、最高裁はセクハラが雇用上の差別を禁止する公民権法第七編を侵害していることを認め、「対価型」と「敵対的環境型」という二種類のセクハラについて定義した。

対価型ハラスメントは、上司が肉体関係を持つことを断った部下を降格させるなど、意に反する性的な言動を拒否・抵抗した労働者に不利益を与えるタイプのセクハラである。敵対的環境型ハラスメントとは、職場に性的なポスターを飾ったり卑猥な会話をしたりすることで、職場環境を悪化させるタイプのセクハラである。

ポルノ規制、そしてヘイトスピーチ規制に大きくかかわるのは、敵対的環境型ハラスメントである。アメリカにおいて裁判所でセクハラが認定される際に、すでに多くの判例があったレイシャル・ハラスメントのケースが参考とされた。両者ともに雇用差別を禁止する公民権法第七編に依拠しているためである。たとえば、一九七三年にはロジャース対ＥＥＯＣ裁判で「敵対的就労環境」によるレイシャル・ハラスメントを認める判決がすでにくだされている。[*14]

13・ナディーン・ストロッセン『ポルノグラフィ防衛論――アメリカのセクハラ攻撃・ポルノ規制の危険性』岸田美貴訳、松沢呉一監修、ポット出版、二〇〇七年、一九四頁
14・金『レイシャルハラスメントQ&A』二三頁

では、なぜポルノ規制において敵対的環境型ハラスメントが問題となるのか。ストロッセンが問題視するのは、敵対的環境型ハラスメントが「どんな場合にでもあてはまる公式がなく、正解もない」[15]という点である。一九九三年のロビンソン対ジャックソンヴィル・シップヤード社裁判では、従業員が溶接工のロイス・ロビンソンの道具箱のうえに性器を露出した全裸女性の写真を置いた行為を、「敵対的環境型ハラスメント」と認める判決がくだった。しかし、ストロッセンによれば、ロビンソンは「どのような状況であっても、すべての「性をほのめかす」写真を全面的に禁止することを求め、裁判官もそれを支持した」ために、「職場からすべての性的描写のある写真を追放」[16]する結果となったという。

ストロッセンは、裁判所が禁止した写真の定義が広すぎると指摘する。その定義とは、「完全に服を着ていない、または、造船所付近の通常業務にふさわしくない服装で、肉体の個人的な部分に関心を引く目的があからさまなポーズをとっている」[17]というものだった。これでは、「ファッション雑誌、家族写真、古典的な芸術作品も含まれる可能性」[18]がある。ストロッセンはセクハラにかんする一連の判決の結果、「多くの職場や大学に司法審査の対象とならない規則

15・ストロッセン『ポルノグラフィ防衛論』二〇二頁
16・ストロッセン『ポルノグラフィ防衛論』二〇三頁
17・ストロッセン『ポルノグラフィ防衛論』二〇四頁
18・ストロッセン『ポルノグラフィ防衛論』二〇四頁
19・ストロッセン『ポルノグラフィ防衛論』七六頁
20・ストロッセン『ポルノグラフィ防衛論』二〇五－二〇六頁
21・ストロッセン『ポルノグラフィ防衛論』二〇七頁
22・ストロッセン『ポルノグラフィ防衛論』二一一頁

が誕生した」と指摘する。ここでいわれる「司法審査の対象とならない規則」とは、あらゆる性表現を禁止するハラスメント規制のことである。

ストロッセンはジョークのような実話を紹介している。ペンシルベニア大学のナンシー・スタンホーファー教授が、大学の教室に飾られていたゴヤ『裸のマハ』の複製画を自分や女子学生を「不快にさせる」としてクレームをつけ、キャンパスから撤去させた。[*19]ところが、スタンホーファー教授の講義で美術評論家のジョン・バージャー『イメージ――視覚とメディア』の一部を配布し、裸体の女性の絵を紹介する箇所を扱ったところ、逆に自身がセクハラだと訴えられたのだった。[*20]

「急増するセクシャル・ハラスメントに関する規制は、すべてと言わないまでも、ほとんどの性的表現を職場や大学から追放する結果となった[*21]」だけでなく、「すべての公共の場から性的表現を一掃しようとする活動[*22]」になりつつある。たとえば、ゾーニングに則って販売されたポルノ雑誌が、従業員や客にたいするセクハラだとし

フランシスコ・デ・ゴヤ『裸のマハ』1790-1800年、プラド美術館

て、店からの撤去を求められた事例があるようだ。このようにアメリカではポルノグラフィを禁じる法律はないが、職場や大学でのセクシャル・ハラスメントの禁止というかたちで、性表現は規制されていったのである。

「ポリティカル・コレクトネス」はブルジョワ道徳である

さて、先ほどあげた「碧志摩メグ」「キズナアイ」のケースも、そのキャラクターデザインが性表現としてとらえられ、公共の場に登場したことが批判されたのだった。まさに性表現が（表現の自由としてではなく）女性差別として告発されるという「ハラスメント」の論理であることはあきらかだろう。

ところで、マッキノンはロビンソン 対 ジャックソンヴィル・シップヤード社裁判とミシガン大学のスピーチコードについて次のように述べている（本文中では明示されてないが、ふたつの判例が注に記されている）。

> 職場におけるポルノグラフィをセクシュアル・ハラスメント行為と判断した裁判所は、ポルノグラフィを性差別として禁止し、「保障された表現」とは見なかった（＝ロビ

ンソン対ジャックソンヴィル・シップヤード社判決〕。しかしキャンパスでのハラスメントを禁止した大学の政策は、裁判所をはじめ各界から批判された〔＝ミシガン大学のスピーチコードの連邦裁の判決〕。〔……〕ほとんどの大学のセクシュアル・ハラスメント問題と人種ハラスメント問題についての態度や関連政策に対する姿勢と規則を見ると、この二者を区別していない。ところが、このような規則の一部、または全部は無効であるという判決を下した裁判所では、この二つの問題には共通点はほとんどないという扱いをしている。[*23]

（〔　〕は引用者）

マッキノンはアメリカ司法の態度は矛盾していると指摘する。大学のスピーチコードもハラスメント規制も実質的には差別的な表現を禁止するという意味では同じではないのか。ハラスメント規制はすでに認定されているのに、なぜスピーチコードは認められないのか、と。

さて、ここで先に説明したアメリカの政治学者エリック・ブライシュの指摘の重要性が理解できることになる。ブライシュの指摘は次のようなものだった。

23・キャサリン・A・マッキノン『ポルノグラフィ――「平等権」と「表現の自由」の間で』柿木和代訳、明石書店、一九九五年、七五－七六頁むしろ、そうしたコードはこの時期に増加したのである。より限定的な文言を作成した大学があった一方で、多くの大学は裁判所の判決にもかかわらずそのポリシーを維持した。今日における大学キャンパス内ポリシーのほとんどは、雇用法において禁じられているタイプの言論を対象にしたハラスメント禁止規定からなっている。キャンパスにおいて「脅迫的、敵対的ないし不快な環境」を作り出すヘイトスピーチは、処罰の対象となりうる差別の一形態であると定義されている。[*24]

ポルノグラフィ規制法は表現の自由を侵害するとして認められなかった。しかし、その代わりに「セクシャル・ハラスメント」という考えが性表現を規制する論理となった。「敵対的環境型ハラスメント」の適用領域を、職場や大学から公共領域全体に拡大することで、性表現を規制していった。ヘイトスピーチの規制もポルノグラフィの規制と同じ展開をたどっている。

ブライシュは「労働の領域」では人種差別的な表現がすでに処罰されていることを指摘する。なぜなら、雇用差別禁止法では、人種差別発言が「環境型ハ

24・ブライシュ『ヘイトスピーチ』一四三頁

ラスメント」になる場合は訴訟の理由となると定められているからである。たとえば、「黒人差別の象徴である首縄を職場に置くこと、ムスリムへの軽蔑的発言、キリスト教徒であることの公言、そして人種やエスニシティ、宗教あるいは出身国に基づく冗談」などすべて法的な規制の対象となっている。[*25]

大学のスピーチコードは表現の自由を侵害するとして認められなかった。しかし、ヘイトスピーチを規制する法律を持たないアメリカも、大学や職場での人種差別は「敵対的環境型ハラスメント」として禁止されているのである。

そして、ヘイトスピーチ規制法とは、その適用範囲を職場や大学だけでなく公共領域全体に拡大することにほかならない。「まえがき」で紹介した、ヘイトスピーチ規制法を求めるウォルドロンは、次のように指摘する。「敵対的環境型ハラスメント」に該当するという認定によって、キャンパスやオフィスで人種差別的な発言を禁止することを多くのアメリカ人がすでに認めている。しかし、ヘイトスピーチ規制法は、その適用範囲を単に「職場から社会全体の水準へ」と拡大するだけであるのに、なぜ多くのアメリカ人がその拡大に抵抗を覚えてしまうのか、と。[*26]

25・ブライシュ『ヘイトスピーチ』一四一－一四二頁

26・ジェレミー・ウォルドロン『ヘイト・スピーチという危害』谷澤正嗣＋川岸令和訳、みすず書房、二〇一五年、一三九頁

さて、ここでヘイトスピーチを規制するにあたって、ポルノ規制における争点がふたたび浮上することが予想される。かつてポルノ規制を求める主張は、ポルノ視聴と性暴力の因果関係を証明できなかったために、説得力を失ったのだった。では、ヘイトスピーチにおいては規制を正当化するほどの被害を立証できるだろうか。ヘイトスピーチと特定の人種や民族を標的にした犯罪との因果関係や、マイノリティに与える健康被害や経済的損失が証明されるのだろうか。

ウォルドロンはこの点について一歩議論を進めている。ウォルドロンによれば、たとえ因果関係が証明されなかったとしても、ヘイトスピーチやポルノグラフィは規制すべきだというのだ。ウォルドロンによれば、この問題には「暴力の因果性」よりも重要な争点として「公共の秩序」「社会の尊厳ある秩序」がある。[*27]

ヘイトスピーチやポルノの規制にたいして、法規制によって表面的にそれらを抑制・禁止したとしても、ひとびとの差別意識を変革することにはならない、という批判がしばしば向けられる。しかし、ウォルドロンは「そのような法律は、憎悪を地下においやるにすぎないと反論されることがときにある。し

27・ウォルドロン『ヘイト・スピーチという危害』一三九頁

かし、ある意味では、まさにそれこそが肝心な点そのものなのだ[28]」と答えている。ウォルドロンが重視するのは「秩序ある社会」という「見かけ」である。「社会の見かけは、その成員に向けて、社会が安心を伝える主要なやり方のひとつだ[29]」からだ。ウォルドロンがここで指す「安心」とは「彼らはみな等しく人間であり、人間性に備わっている尊厳をもつこと。彼らはみな正義に対する基本的な権限をもつこと。そして彼らはみな、最もひどい形の暴力、排除、尊厳の否定、従属からの保護に値すること[30]」、そうしたことすべてにたいする「安心」である。

つまり、ヘイトスピーチ規制法とは「秩序ある社会」という「見かけ」によって、「市民」としての「尊厳」が重視されるというメッセージを伝え、ひとびとを「安心」させるものだ。そして、それは大学や職場においてハラスメント規制として部分的に実現されている。しかし、ここで注意しなければならないのは、ヘイトスピーチを法で禁止する根拠が、統計や社会学的調査といった客観的なデータではなく、「安心」というきわめて主観的な感情に拠っていることだ。ウォルドロンは「秩序ある社会の雰囲気」とさえ呼んでいる[31]。

ここでキャンパスからゴヤ『裸のマハ』が撤去された理由が「不快にさせ

28・ウォルドロン『ヘイト・スピーチという危害』一一三頁
29・ウォルドロン『ヘイト・スピーチという危害』九六頁
30・ウォルドロン『ヘイト・スピーチという危害』九七－九八頁
31・ウォルドロン『ヘイト・スピーチという危害』一一四頁

る」だったことを思い出そう。「市民」の「尊厳」が侵害されたときの感情は「不快」なのだ。ウォルドロンは、ヘイトスピーチ規制法は、ひとびとの「尊厳」を守るものであって、「不快」から保護するものではない、と注意をうながしているが、感情レベルの「不快」がつねに問題にならざるをえない。ウォルドロンは、次のようにも述べているからである。「尊厳」は「ある人の社会の中での立場がもつ客観的または社会的な側面」[*32]であり、「不快」は「傷つき、ショック、怒りを含む感情という主観的な側面」である。しかし、これはあくまでも法律上の区別であって、「こうした尊厳へのいかなる攻撃も、傷つけ、苦しみをもたらすこととして経験されざるをえない」[*33]のであり、「人々を彼らの尊厳に対する攻撃から保護することは、間接的には、彼らの感情を保護することでもある」[*34]と。

しかし、規制の根拠が「安心」と「不快」という感情に拠っていることが、ポリティカル・コレクトネスをめぐる分断をより強固にする、ともいえる。ふたたび性表現の規制を例にとると、「キズナアイ」をめぐる騒動では、不適切な性表現だという批判にたいして「いちゃもん」「難癖」だと非難・反論する声があった。[*35]いま私たちがポリティカル・コレクトネスと呼ぶ言説において、

32・ウォルドロン『ヘイト・スピーチという危害』一二六頁
33・ウォルドロン『ヘイト・スピーチという危害』一二七頁
34・ウォルドロン『ヘイト・スピーチという危害』一二七－一二八頁
35・「弁護士　太田啓子（katepanda2）ノーベル賞解説の web ページに使用されているキズナアイにいちゃもんをつける」https://togetter.com/li/1272788

重視されるのは「安心」であり、その告発の根拠となるのは「不快」であった。ポリティカル・コレクトネスに反感を持つ立場からすれば、女性からの告発が「いちゃもん」「難癖」という客観的な判断を欠いたものに見えるのは当然だろう。なぜなら、客観的なデータや因果関係よりも、「安心」「不快」という感情が重視されている（あるいは、重視されることになっている）からだ。とはいえ、「第四章 道徳としての差別」で詳しく説明するが、このような「不快」や「安心」といった感情が、人間の道徳的判断に大きな役割を果たしていることが、生物学・進化論的な知見からあきらかになっている。

さて、ここまで見たことを振り返ってみよう。ヘイトスピーチや性表現はすでに大学や職場においてハラスメントとして禁止されている。これに違反すれば、法律によっては罰せられないものの、大学や職場の規定に準じた罰則を科されることになっている。これはアメリカだけではなく、日本もすでにそうなっている。たとえば、二〇一九年五月には、職場のハラスメント対策の強化に重点を置いた「女性活躍・ハラスメント規制法」が国会で可決・成立した。パワハラやセクハラなどを「行ってはならない」と明記し、パワハラの認定要件をもうけて、事業主に防止対策をとるように法律で義務づけた。[*36] そして、いま

36・「パワハラ対策義務化　ハラスメント規制法成立」『東京新聞』二〇一九年五月二九日夕刊
https://www.tokyo-np.co.jp/article/politics/list/201905/CK2019052902000271.html

私たちがポリティカル・コレクトネスと呼ぶ言説は、大学や職場のハラスメント規制を公共領域全体に広げようとするものだ。たとえば、TwitterなどのSNSでは差別的な発言がたびたび問題視され、運営会社にアカウントの停止などの対処を求める声があがる。ポルノやヘイトの規制を推進する側にとってみれば、このことは当然視される。なぜなら自身が所属する大学や職場ではハラスメント規制がすでに実施されているからだ。しかし、のちに見るようにこのことが大きな問題をはらむことになる。

ところで、マッキノンによれば、セクハラとは「不平等な権力関係を背景として相手の希望に反する性的要求を押しつけること」であり、それは「性的なもの」と「経済的なもの」という「二つの不平等の相乗的な強制」である。[*37] セクハラというと「性的なもの」の不平等や侵害や加害・被害ばかりが強調されるが、差別と経済というふたつの不平等の克服を目指す本書の立場からすれば、マッキノンが「経済的なもの」の不平等にも言及していることに注目したい。もちろん、マッキノンは女性の賃金が男性に比べて低いということを指摘しているわけだが、ここでは「自由主義」の問題にひきつけて読むべきだろう。マッキノンは職場や大学でハラスメントが問題視された理由について、

37・キャサリン・A・マッキノン『セクシャル・ハラスメント オブ ワーキング・ウィメン』村山淳彦監訳、こうち書房、一九九九年、二六頁

「一般の社会生活の中では通常、平等は保障されていない」が、「職場と大学では「平等」それ自身がきちんと保障されているから」[38]だとしている。しかし、マッキノンがいうように、職場と大学で本当に「平等」が保障されているだろうか。それは単なる「平等」の「見かけ」があるにすぎないのではないか。単純に考えても、企業や大学において不平等は存在している。教授と学生、上司と部下、雇用者と労働者といった関係は、決して対等ではない。かつてシュミットが自由主義の平等性を「概念上も実際上も、空虚などうでもよい平等」だと述べたが、大学や企業における「空疎」な「平等」にぴったり当てはまる表現である。自由主義はひとりひとりの人間を人権の名のもとに尊重しつつも、能力による不平等は認めているからだ。セクシャル・ハラスメント、アカデミック・ハラスメント、パワー・ハラスメントといった「ハラスメント」は、この不平等な関係を悪用するものだ。さまざまなハラスメントの禁止は、人権尊重の観点から支持され実施されるものの、(能力による)不平等を解消しないまま、不平等を適切に運用するための措置にすぎない、というわけだ。

かつて教授と学生、上司と部下、雇用者と労働者といった不平等な関係を是正する装置として、学生自治会や労働組合といった中間団体があった。つま

38・マッキノン『ポルノグラフィ』七五頁

り、学生や労働者が集団で結束することで、不平等な関係を改善しようとする民主主義的な運動が存在した。しかし、いまや学生自治会のない大学も増え、加入率の低下や非正規社員の増加によって労働組合の弱体化もいちじるしい。民主主義的な組織は力を失っている。ハラスメントの禁止規定は、この民主主義的な平等性の不在を穴埋めするために導入されたものだといえるだろう。「第一章　ポリティカル・コレクトネスの由来」に引いたシュトレークの言葉を思い出せば、資本主義と民主主義の「結婚」が破綻しつつある結果にほかならない。

ポリティカル・コレクトネスは大学や企業のハラスメント規制を公共領域全体に広げるものだった。しかし、大学や企業に関係ない人間にとって、ポリティカル・コレクトネスはどう感じられるだろうか。たとえば、レイシャル・ハラスメントをめぐるアメリカの規定は、一四人以下の従業員しかいない雇用者は雇用における差別を禁止する公民権法第七編の対象から除外されていた。[*39] つまり、大学や大規模から中規模の企業にかかわりを持たない人間にとっては、ハラスメントの禁止はまったく縁がない「モラル」なのだ。

ここでローティの指摘を思い出そう。ローティは「郊外に住むことのできな

39・ブライシュ『ヘイトスピーチ』二〇〇頁。ちなみに二〇一九年五月に成立した「女性活躍・ハラスメント規制法」におけるパワハラ対策の義務化も大企業では二〇二〇年四月から開始されるが、中小企業では「努力義務」にとどまっている（二年以内には義務化される見通し）

い有権者」が「独善的で狭量な官僚、狡猾な弁護士、高給取りの債権販売員、ポストモダニズムの教授など」にたいして反感を持つだろうと指摘していた。貧しいひとびとにとって、「ポリティカル・コレクトネス」は大学や企業に勤める上流階級や知識階級の指標のひとつとみなされるだろう。高給取りの彼らがポリティカル・コレクトネスを絶対に守るべき「モラル」であると説いたとしても、没落しつつある中間層や貧困層の目には欺瞞的なものにしか映らないだろう。マルクス主義の古臭い言葉を借りれば、彼らにとってPCとは「ブルジョワ道徳」とちがいがないものになる。二〇一六年にドナルド・トランプが勝利した大統領選挙においてポリティカル・コレクトネスにたいする反発が起こったことには、階級闘争的な側面があったのである。

第四章
道徳としての差別

道徳としての「現代的レイシズム」

ポリティカル・コレクトネスへの反発は、アイデンティティとシティズンシップの論理の対立に起因すること、その事情をこれまで見てきた。しかし、「差別はいけない、ポリティカル・コレクトネスを重視すべきだ」という考えが常識として世間にひろく浸透したからこそ、過剰なPCに反発が寄せられるのだともいえる。そのためか、ヘイトスピーチといった露骨な差別表現ではなく、一見差別とは判断しにくい、新しい差別が確認されている。

アメリカでは黒人に対する「現代的レイシズム」あるいは「象徴的レイシズム」という新しいタイプの差別が指摘されている。その差別には次のような認識と論理構造がある。

---

① 差別はすでに存在しない、

② したがって現在の黒人が低い地位に留まっているのは、差別によるものではなくたんに本人たちの努力不足によるものである、

③ それにもかかわらず黒人はありもしない差別に対する抗議を続け、

④ その結果、手厚い社会保障などの不当な特権を得ている[*1]

---

*1・北村英哉＋唐沢穣編『差別や偏見はなぜ起こる？――心理メカニズムの解明と現象の分析』ちとせプレス、二〇一八年、一〇二―一〇三頁

差別はすでに解決済みであるにもかかわらず、マイノリティが優遇措置を受けているのは、マジョリティの私たちにたいする不平等である。そう考えるのだ。このような「現代的レイシズム」と同じ論理構造を持った差別は、黒人にたいするものだけでなく、女性、同性愛者にたいしても観察されている。「現代的レイシズム」は、差別はなくすべきだと認めているという意味で、ポリティカル・コレクトネス以後の差別だといえるだろう。

社会心理学者の高史明《たかふみあき》は在日朝鮮人にたいして「現代的レイシズム」が見られることを指摘している。[*2]「在日特権」という主張がその典型である。サンフランシスコ講和条約の発効とともに日本国籍を喪失した朝鮮人や台湾人にたいして、日本政府は一般の外国人とは異なる「特別永住者」資格を認めた。彼らに「在日特権」が与えられている、それは不当であるとの論難は、日本の植民地支配の負の遺産にたいする特別措置を「特権」とみなすものだった。朝鮮人などにたいする差別はすでに解消しているにもかかわらず、社会保障など日本人には与えられていない、不当な特権を彼らは得ているという「在日特権」なる主張も、「現代的レイシズム」と同じ論理構造を持っているわけだ。ヘイト

2・高史明『レイシズムを解剖する——在日コリアンへの偏見とインターネット』勁草書房、二〇一五年

スピーチをおこなって社会問題化した在特会（在日特権を許さない市民の会）は、「現代的レイシズム」という論理を足がかりに、言説と運動を組織した団体でもあった。

「在日特権」という論難・言説はフェイクやデマという観点からしばしば論じられてきた。[*3] しかし、このような「現代的レイシズム」なるものが、人間の進化の過程で獲得された生得性に大きくかかわるために、社会的な注目を浴びるほどのひろがりを持ったとしたら、どうだろうか。もしそうであるならば、単にフェイクやデマと指摘するだけでは不十分なはずである。

私たちは、道徳的なルールを破った者にたいして、怒りの感情を覚えその者を強く罰したいと感じる。このような道徳的な感覚は、人類が共同生活を営む進化の過程で獲得された心理的な機制だと考えられている。ここでは道徳心理学者のジョナサン・ハイトによる道徳基盤理論を紹介しよう。ハイトは次のようなエピソードを聞いた被験者がどのような反応をするかを調べる実験をおこなった。

――ある家族が飼っていた愛犬が、自宅の前で車にひかれて死んだ。「犬の――

3・野間易通『「在日特権」の虚構――ネット空間が生み出したヘイト・スピーチ』河出書房新社、二〇一三年（増補版は河出書房新社、二〇一五年）

肉はおいしい」と聞いていたこの家族は、死骸を切り刻んで料理し、こっそり食べてみた。[*4]

ハイトによれば、被験者は道徳的に正しいかどうかを瞬時に判断するが、しかしそう判断した理由を求められると言葉に詰まるのだという。ある被験者は「間違いだとわかっているんだけど、理由が思いつかない」[*5]と答えている。この実験があきらかにするのは、私たちの道徳的な判断には「情動」が大きな役割を果たしているということだ。

近年の認知科学において有力な仮説となっている理論に「二重過程理論」がある。[*6]「二重過程理論」とは人間の脳内にはそれぞれ機能が異なる二種類の認知システムがあるという考えである。この二種類の認知システムは「表1」に示したとおり、論者によってさまざまな名称があるが、ハイトに倣って「直観システム」「推論システム」を採用しておこう。

「直観システム」は、経験や習慣に基づいた直観的な判断をおこなう認知システムである。自動的、非言語的、無意識的なシステムであるために、時間や

4・ジョナサン・ハイト『社会はなぜ左と右にわかれるのか――対立を超えるための道徳心理学』高橋洋訳、紀伊國屋書店、二〇一四年、二四頁
5・ハイト『社会はなぜ左と右にわかれるのか』五八頁
6・吉川浩満「合理性のマトリックスとロボットの戦い」『人間の解剖はサルの解剖のための鍵である』河出書房新社、二〇一八年、六一－九七頁
7・吉川『人間の解剖はサルの解剖のための鍵である』七七頁

表1　ふたつのシステムの名称と特徴[*7]

論者	システム1	システム2
ビッカートン	オンライン思考	オフライン思考
エプスタイン	経験的システム	合理的システム
エヴァンス	ヒューリスティック処理	分析的処理
エヴァンス＆オーヴァー	暗黙思考プロセス	明示思考プロセス
エヴァンス＆ウェイソン	タイプ1プロセス	タイプ2プロセス
フォーダー	モジュール型プロセス	中央プロセス
ジョンソン＝レアード	暗黙の推論	明示的推論
ハイト	直観システム	推論システム
特性	連想的	規則にもとづく
	全体論的	分析的
	並列的	直列的
	自動的	制御型
	負荷が少ない	負荷が大きい
	速い	遅い
	文脈に依存	文脈から独立

出典：吉川浩満
『人間の解剖はサルの
解剖のための鍵である』77頁

表2　六つの道徳基盤[*9]

	適応課題	もたらされる傾向	現代で見出される例
ケア／危害	子供の保護	他者が示す苦痛に気づく、残虐行為を批判する、苦痛を感じるひとをケアする	社会福祉、人道
自由／抑圧	ボスへの牽制	互いに結束して、いばり屋や暴君に抵抗し、その支配を打ち倒そうとする	革命、反逆
公正／欺瞞	協力関係の維持	協力関係を結ぶのにふさわしいひとを見分け、フリーライダーやペテン師を罰する	機会の平等、自己責任
忠誠／背信	群れの維持	自らの集団に所属するメンバーに信用と報酬を与え、裏切り者を罰する	ナショナリズム
権威／転覆	階層秩序の維持	階級や地位、もしくはひとびとがその地位に見合った振る舞いをしているかどうか、に気を向けさせる	権威主義
神聖／堕落	感染の回避	グループの結束を高めるのに必要な、非合理的で神聖な価値を有する何かにひとびとの労力を投資する	宗教

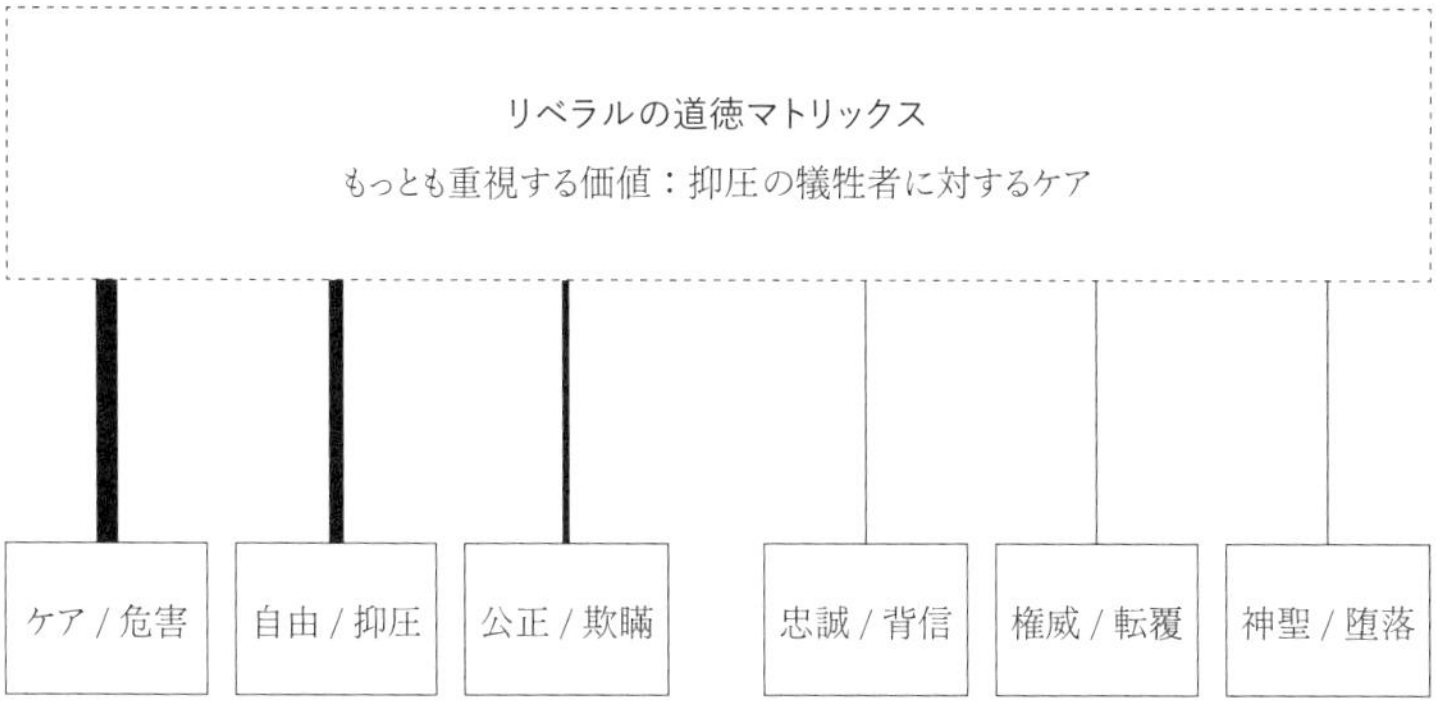

図1　アメリカのリベラルの道徳マトリックス
出典：ジョナサン・ハイト『社会はなぜ左と右にわかれるのか』「図 12.2」454 頁

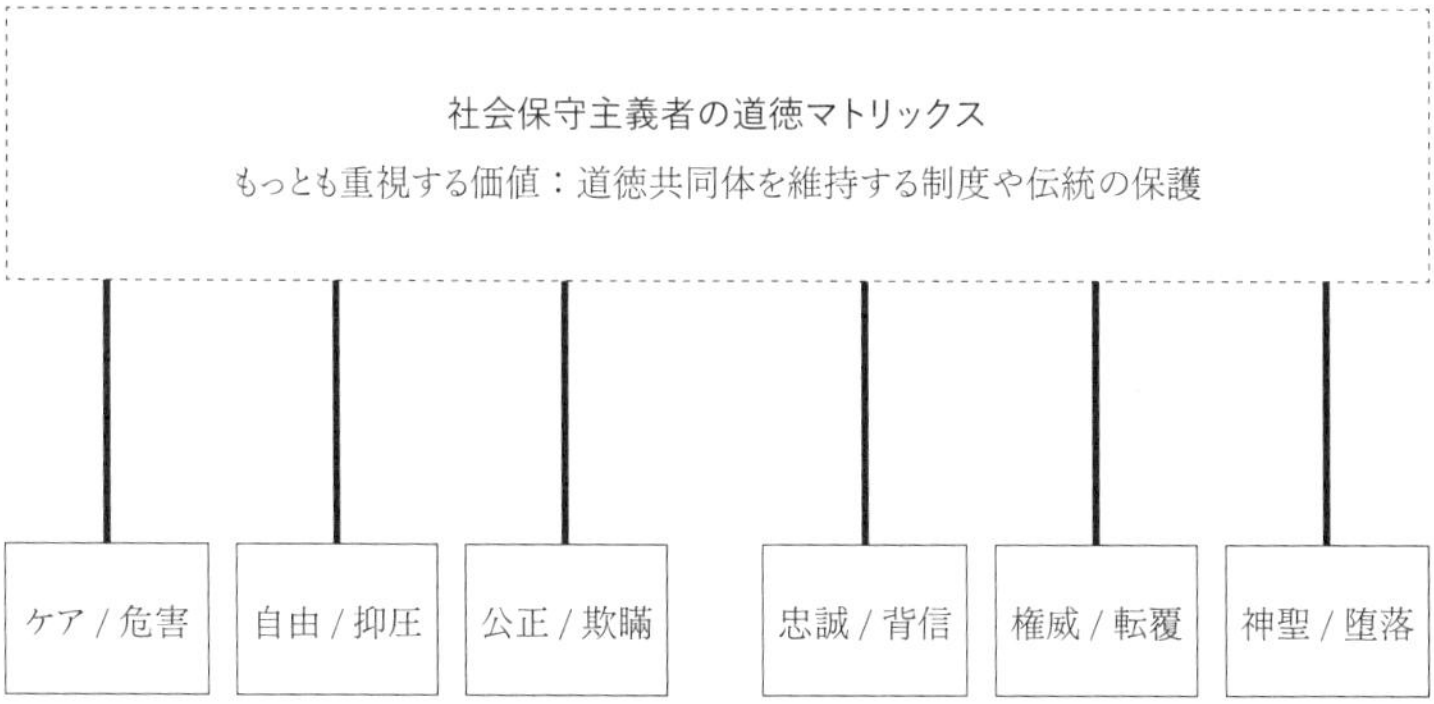

図2　アメリカの社会保守主義者の道徳マトリックス
出典：ジョナサン・ハイト『社会はなぜ左と右にわかれるのか』「図 12.4」469 頁

労力をかけずに物事を判断することができる。しかし、間違いも多く、その間違いには一定のパターンがあることが知られている。このパターン化した間違いは「認知バイアス」と呼ばれ、研究の対象となっている。

いっぽうで「推論システム」は、言語的、合理的な判断をおこなう認知システムである。間違いは少ないが、時間や労力を必要とする。人間の脳内にはこのふたつのシステムが搭載されているわけだが、問題は、このふたつを自由に使い分けることができないということだ。「直観システム」のせいで「推論システム」が誤作動を起こしたり、「推論システム」が作動すべきところで「直観システム」が作動してしまう。このような誤作動が起こる理由として、人間が進化の過程で直観システムのうえに推論システムを無理矢理に「増築」したことがあげられている。

ハイトの実験があきらかにしたのは、道徳的な判断において人間はまず直観にしたがって判断し、そのあとに論理的にじっくり思考を働かせ、かつ、自分の判断を正当化する、ということだ。前章で性表現やヘイトスピーチにおいて判断の指標となる「不快」という感情、その感情に基づいたハラスメント批判を紹介した。しばしば、それらの批判は客観的な裏付けがない、単なる主観的な感情とみなされ、「難癖」や「いちゃもん」ととらえられてしまう。しかし、ハイトによれば、そのような「不快」な感情こそ道徳的な判断の根拠である。

そして、「直観」による道徳的判断は、人類が共同体を形成し維持するなかで進化的に獲得されたものだという。

ハイトは道徳的判断を「六種類の味覚センサーをもつ舌」に喩えている。[*8] つまり、私たちが、甘み、酸味、旨味などの味覚センサーで料理を味わうように、私たちの道徳基盤も六つのタイプに区別できるという。「表2」にあげたのはその六つの道徳基盤である。

先ほどのペットの犬を食べるエピソードは、「神聖／堕落」に抵触するために、不道徳だと考えられたというのだ。ハイトによれば、私たちの道徳はこの六つの道徳基盤を組み合わせたものである。たとえば、リベラルは「ケア／危害」「自由／抑圧」「公正／欺瞞」の三つの基盤が対応するのにたいして（図1）、保守主義者は六つすべての基盤に対応している（図2）。そのため、保守のほうがリベラルよりもひとびとの支持を集めることができるというわけだ。

さて、ここまでハイトの道徳基盤説を紹介してきたが、先ほど述べた「現代的レイシズム」は「公正／欺瞞」の道徳基盤にかかわっている。ここで興味深いのは、ハイトの道徳基盤説が五つから六つへと変更されたことだ。当初は

8・ハイト『社会はなぜ左と右にわかれるのか』一六一頁
9・ハイト『社会はなぜ左と右にわかれるのか』二四六、二七四、二九二頁の記述をもとに再構成

「ケア／危害」「公正／欺瞞」「忠誠／背信」「権威／転覆」「神聖／堕落」の五タイプだったが、ハイトは新たな調査を実施したあとに、六番目の道徳基盤として「自由／抑圧」をくわえ、また「公正／欺瞞」基盤にかんして「比例配分」を重視するように考えをあらためたという。ハイトはその理由として、従来の道徳基盤説ではリバタリアニズムの思想がうまく整理できないことをあげている。[*10]

このことを認めた論文は二〇一〇年に発表されているのだが、その前年の二〇〇九年にはリーマン・ショック（二〇〇八年）によって住宅ローンを返済できなくなったひとびとへの救済策や、オバマケアと呼ばれる医療保険制度改革に反対する「ティーパーティー」運動が起こっていた。「ティーパーティー」とはいわゆる「小さな政府」を目指す運動である。

「公正／欺瞞」という道徳基盤は、経済的平等や社会的平等にかんする傾向も含まれていたが、「比例配分」により重きをおくように修正された。[*11]「比例配分」とは「人々が自分の努力に見合った利益を確実に手にできるように、そして働かざるものが分不相応な利益を得られないように配慮する」ことである。[*12]たとえば、社会福祉の削減を唱える保守派は、リベラルの側からすれば血も涙

10・ハイト『社会はなぜ左と右にわかれるのか』五六七頁注25
11・ハイト『社会はなぜ左と右にわかれるのか』二六九－二七〇頁
12・ハイト『社会はなぜ左と右にわかれるのか』二八九頁

もない冷徹な人間に見える。しかし、この「比例配分」という観点に立てば、保守派はフリーライダーから群れを守るための「公正／欺瞞」という道徳に忠実なひとびとであることがわかる。

さて、先ほど話題にした「現代的レイシズム」が、このような自助努力や自己責任を強調する保守的なイデオロギーのバリエーションのひとつであることはあきらかだろう。「現代的レイシズム」は、差別がすでに解決されているとみなしたうえで、黒人や在日朝鮮人にたいする積極的是正措置《アファーマティブ・アクション》を特権として彼らから剝奪しようとするからだ。ハイトがあきらかにしたように、保守的なイデオロギーが「公正／欺瞞」という道徳基盤に依拠するものであるとしたら、「現代的レイシズム」とは、差別の見かけをとらない差別でありながら、ひとつの道徳であるといえるだろう。「道徳的なルールを破った者にたいして、怒りの感情を覚えその者を強く罰したいと感じる」という私たちの傾向を踏まえるならば、「現代的レイシズム」は解消しがたい、きわめて厄介な差別なのである。

差別はしばしば反道徳的であるとみなされる。ポリティカル・コレクトネスに忠実なリベラル側から見れば、たしかにそう見える。しかし、ハイトの道徳基盤理論が興味深いのは、差別もまたひとつの道徳であり、道徳であるがゆえにきわめて厄介であることを教えてくれるからである。ある意味で、ポリティカル・コレクトネスと差別は、道徳と道徳の対立なのである。

　ハイトの道徳基盤理論によれば、「第一章　ポリティカル・コレクトネスの由来」で見た「アイデンティティ」と「シティズンシップ」の論理の対立も、道徳と道徳の対立と捉えなおすことができる。『社会はなぜ左と右にわかれるのか』は、オバマ政権の誕生（二〇〇九年）前後のアメリカの政治状況を背景に書かれている。すでに紹介したが、リベラルには「ケア／危害」「自由／抑圧」「公正／欺瞞」の三つの基盤が対応するのにたいして、保守派には六つすべての基盤が対応している。そのため、保守派のほうがリベラルよりもひとびとの支持を集めやすい。この結果を踏まえて、ハイトは民主党にたいして政策スピーチのなかに「〈ケア〉〈公正〉基盤以外の道徳基盤」である「〈忠誠〉〈権威〉〈神聖〉基盤を大いに取り入れ[*13]」るように助言している。

　しかし、ハイトの提案は、多文化主義教育を批判し、「市民」の理念を強調したローティやリラと同じ立場を、生物学的・進化心理学的な知見をくわえて焼き直したにすぎない。ジョン・マケイン共和党候補とバラク・オバマ民主党候補の対決となった二〇〇八年の大統領選挙に際して、ハイトは「何が人を共和党に投票させるのか」という記事をウェブ公開している。ここで興味深いの

13・ハイト『社会はなぜ左と右にわかれるのか』二六五頁

は、リベラルにかんして次のような記述があることだ。

〈ケア〉〈公正〉基盤のみによる道徳マトリックスを身につけている人は、アメリカの非公式のモットー「多から一へ（*E pluribus unum*）」に、神聖な響きをうまく聞き分けられないだろう。[*14]

ハイトは「神聖な響き」が「神聖／堕落」の道徳基盤であることを説明しながら、民主党は「*pluribus*〔多〕の政党」になってしまい、その支持者らは「多様性を重視し、アメリカに同化しようとしない移民を支援し、英語を唯一の国語として扱うことに反対し、上着の折り返しに国旗をかたどったピンを刺すことを拒否し、世界市民の一員として自己を語る[*15]」と批判している。ここでいうハイトの立場が、アメリカにおける多文化主義教育を重視するあまり、リベラルはアメリカを統一する理念である「市民」を軽視していると批判した、ローティやリラと同じ立場であることはあきらかだろう。

ハイトの道徳基盤理論は、進化心理学などの科学的観点から、本書がこれまで見てきたアイデンティティとシティズンシップの対立を、異なる道徳の対立

14・ハイト『社会はなぜ左と右にわかれるのか』二六四－二六五頁
15・ハイト『社会はなぜ左と右にわかれるのか』二六五頁

と捉えなおす議論だったといえる。しかし、その対立の解決策は、（ハイトはそう提案しているのだが）リベラルが保守に学ぶだけで良いのだろうか。後述するが、哲学者のジョシュア・グリーンが、功利主義を前面に押し出すことでハイトの主張に異を唱えている。ただ、グリーンの批判を見るまえに、差別にかかわる人間の生物学的・進化的な特性について簡単に触れておこう。

人間という差別的動物——認知バイアスについて

「二重過程理論」は人間の道徳が直観的な判断に依拠していることをあきらかにした。では、道徳だけではなく差別もまた、人間が共同体で生活するなかで獲得してきた生物学的・進化的特性に依拠しているのではないか、という疑問を持つのは十分正当なことだろう。差別にかんする「認知バイアス」もすでにいくつか指摘されている。

アメリカでは白人警官による黒人の射殺事件がしばしば起こり、社会問題化している。二〇一四年にミズーリ州ファーガソンで黒人少年が射殺された事件では、射殺した白人元警察官に無罪判決がくだされたため、全米各地で抗議デモがおこなわれる事態となった。『ワシントン・ポスト』紙によれば、二〇一五年に武器を持たない黒人が警察官に射殺された件数は、武器を持たない白人が射殺された件数の七倍だったという。警官は黒人を差別しているからこそ、明確な悪意をもって黒人を誤射し、場合によって射殺してしまうのだろうか。

心理学で次のような興味深い実験がおこなわれている。[*16] ゲームセンターの射撃ゲームのように、画面上に次々と白人もしくは黒人が登場する。画面上の人物が銃などの武器を所持している場合には「撃つ」を選択し、携帯電話など武器以外のものを所持している場合には「撃たない」を選択する。実験の被験者は一秒でも早く判断することが求められる。白人の大学生を被験者にした実験では、画面上の人物が武器を所持している場合、所持していない場合のいずれも、白人よりも黒人が撃たれる確率が高かった。この実験結果は「狙撃手バイアス」として知られている。

ここで「二重過程理論」において「直観システム」と「推論システム」というふたつの認知システムがあったことを思い出そう。「直観システム」は、直観的な判断をおこなう非言語的・自動的な認知システムで、「推論システム」は、言語的・合理的な判断をおこなう認知システムだった。では、犯人を撃つか撃たないか、という状況で、「直観システム」と「推論システム」のどちら

16・北村+唐沢編『偏見や差別はなぜ起こる?』八－九頁

が作動するだろうか。そのような緊迫した状況では、「直観システム」が作動する。「直観システム」は瞬時に判断できるが、その代わり間違いも多かった。しかもその間違いには一定のパターン＝バイアスがあるとされる。先の心理学の実験はまさにこの間違いのパターン＝バイアスを示す実験だったのだ。

「武器を持っている」「危険である」という黒人のイメージは、不当な偏見だと批判されてきた。ポリティカル・コレクトネスが世間にひろく浸透した現在、小説や映画などにおいてこのようなステレオタイプを扱うことは避けられるようになっている。しかし、近年の心理学の知見によれば、ひとびとに根付いたステレオタイプはそう簡単に拭い去ることもできなければ、変化させることもできないことがあきらかになっている。

潜在連合テスト（Implicit Association Test: IAT）という心理学の実験がある。[*17] ウェブサイトで公開されているので、興味のある読者はぜひ試してほしい。[*18] コンピューターの画面には、単語と画像が次々と表示され、被験者はできるだけ早くグループ分けすることが求められる。たとえば、人種にかんするＩＡＴでは次のような言葉をグループ分けしていく。

17・M・R・バナージ＋A・G・グリーンワルド『心の中のブラインド・スポット——善良な人々に潜む非意識のバイアス』北村英哉＋小林知博訳、北大路書房、二〇一五年、六七－九四頁

18・Project Implicit https://implicit.harvard.edu/implicit/japan/selectatest.jsp

良い――嬉しさ、愛情、平和、素晴らしい、楽しみな、輝かしい、笑い、幸せな
悪い――苦悩、ひどい、恐ろしい、意地の悪い、邪悪な、すさまじい、失敗、害する
黒人――黒人の顔の画像
白人――白人の顔の画像[*19]

被験者はまず「良い－白人」「悪い－黒人」という組み合わせで、次々とランダムに出てくる単語と画像をグループ分けしていく。たとえば、「良い－白人」のグループに入るならば、「e」のキーを押し、「悪い－黒人」のグループに入るならば、「i」のキーを押す。次に「良い・悪い」と「白人・黒人」の組み合わせを変えて、同様のことをおこなう。「悪い－白人」のグループに入るならば、「e」のキーを押し、「良い－黒人」のグループに入るならば、「i」のキーを押す。「良い－黒人」「悪い－白人」の組み合わせよりも、「良い－白人」「悪い－黒人」の組み合わせのほうが早く回答できた場合、黒人に比べて白人にたいして潜在的に選好（ふたつの事柄を比較したうえで片方を他方よりも好む傾向）が

19・前掲 Project Implicit の表をもとに作成

あることがわかる。IATはウェブ上で公開されているが、テストを受けた七〇パーセントのひとびとが白人への選好を示した。そして驚くべきことに、アフリカ系アメリカ人の被験者においても、約三分の一が白人への選好を示したという。[20]

また、人種と武器に関するIATも実施されている。[21]被験者は次のようなものをグループ分けしていく。

武器――キャノン砲、拳銃、刀、斧（などの画像）
武器でないもの――電話、カメラ、電卓、缶ジュース（などの画像）
黒人――黒人の顔の画像
白人――白人の顔の画像[22]

たとえば、斧、電卓、白人や黒人の顔などがランダムに画面に登場するので、「黒人－武器」「白人－武器でないもの」のどちらのグループに属するか、判断していく。同様に「黒人－武器でないもの」「白人－武器」と組み合わせを入れ替えて、どちらのグループに属するか、判断する。結果、被験者の約七

20・バナージ＋グリーンワルド『心の中のブラインド・スポット』八七頁および第3章原注5を参照
21・バナージ＋グリーンワルド『心の中のブラインド・スポット』一六六頁
22・バナージ＋グリーンワルド『心の中のブラインド・スポット』一六六頁の記述をもとに作成

〇パーセントが、「黒人－武器でないもの」「白人－武器」という組み合わせよりも「黒人－武器」「白人－武器でないもの」という組み合わせのほうに、早く反応した。[*23] つまり、「黒人－武器」というステレオタイプが根強くあることが示された。

このほかにも、「肌の色」「ジェンダー」「セクシャリティ」などにかんするIATがネットで公開されているが、IATが興味深いのは、差別はいけないという考えを持ち、反差別運動にコミットしているひとびとにおいても、潜在意識下の選好が確認されるということだ。白人と黒人にたいする選好を調べるIATを受けた一五〇万人の白人系アメリカ人のうち、約四〇パーセントが差別はいけないという考えを示しながらも、黒人よりも白人を選好しているというテスト結果が出た。[*24] バナージらは、あからさまな偏見や差別よりも、このような「潜在的バイアス」が、「黒人への不利な状況の維持に貢献するような差別行動の原因」[*25] として大きな役割を果たしている、と指摘する。これが、ポリティカル・コレクトネスの徹底を叫ぶだけでは差別がなくならない理由なのである。この「潜在的バイアス」は、「保持者自身すら保持しているという事実に気づ[*26]」かず、「それを保持する人からは隠されて意識の外で機能する[*27]」もの

23・バナージ＋グリーンワルド『心の中のブラインド・スポット』一六九頁
24・バナージ＋グリーンワルド『心の中のブラインド・スポット』二四一－二四二頁
25・バナージ＋グリーンワルド『心の中のブラインド・スポット』三一二頁
26・バナージ＋グリーンワルド『心の中のブラインド・スポット』二七九頁
27・バナージ＋グリーンワルド『心の中のブラインド・スポット』三一二頁

なのである。
このような実験結果を見れば、アメリカで多発する白人警官による黒人の射殺事件が、白人警官の黒人差別に起因するとみなすだけでは片付けられない難しい問題であることはあきらかだろう。潜在意識に差別的な傾向が確認されるひとびとは差別者なのだろうか。この実験を開発したバナージとグリーンワルドは「IATで自動的な白人選好を示してしまう多くの人たちに「人種差別主義」というラベルを貼るのは不当だ」と考え、そうしたひとびとを「居心地の悪い平等主義者」と呼ぶことを提案している。[*28]
IATはおもにステレオタイプの問題を扱っているが、差別につながるようなバイアスには次のものが知られている。

内集団バイアス——自分が所属しない集団（外集団）よりも、自分が所属する集団（内集団）にたいして、好意的な感情を持ったり、優遇するような行動を示す傾向。[*29]たとえば、近年のテレビ番組では日本がいかに世界の国から見て優れているかを賞賛する「日本すごい」系の番組が増えたが、これは内集団バイアスのひとつだといえる。

28・バナージ+グリーンワルド『心の中のブラインド・スポット』二四一－二四二頁
29・北村+唐沢編『偏見や差別はなぜ起こる?』一六－一八頁

また内集団にたいしてはその集団の多様性を認識できるのに、外集団にたいしては多様性を認めず、均一したイメージを持ちやすいとされる。たとえば、白人の乳児は日頃接する機会がない（非白人である）アジア人と黒人を区別しにくいという研究がある。[*30] このような外集団にたいして、ステレオタイプ化した認識を持ってしまう傾向を「外集団同質性バイアス」という。

公正世界信念――「良いことをすれば、良いことが起こり、悪いことをすれば、悪いことが起こる」と、世界が不条理ではなく公正であると考える認知バイアス。[*31] この信念を強く持つひとは被害者を非難する傾向がある。たとえば、性犯罪の被害にあった女性にたいして、なにか女性の側に落ち度があったのではないか、と批判的に見ることなどが該当するだろう。

二〇一一年、東日本大震災が起きた際、東京都知事であった石原慎太郎が「やっぱり天罰だと思う」と発言した。自然災害という理不尽な状況で、被災者側になにかしらの落ち度があったはずだという発言は大規模災害のたびに繰り返されるが、それもこの信念によるものだといえる。

差別につながる認知バイアスをいくつか紹介したが、だからといって、人間

30・バナージ＋グリーンワルド『心の中のブラインド・スポット』二〇一頁
31・北村＋唐沢編『偏見や差別はなぜ起こる？』二二一－二六頁

には差別が許される、やむを得ない事情があるのだ、ということをここでいいたいのではない。一連の心理学実験の知見から、これまでの人間観が大きく変容していることがわかる。たとえば、「シティズンシップ」の論理における「市民」には、みずからの意志に基づいて適切な行動を選択する「自律」的な「個人」という考えが前提とされていた。しかし、法哲学者の大屋《おおや》雄裕《たけひろ》によれば、そのような「自律」的な「個人」というモデルも、それを前提とした法・政治システムも、二〇世紀にはすでに崩壊していたという。「現実の我々の多くは個人として想定されていたほど適切な自己決定を行なう能力が高くもなければ、自己決定の帰結を引き受けられるほど強くもなかった」[*32]ことが判明した。そして、後述するが、「二重過程理論」は「自律」的な「個人」という人間像を根本的に覆しつつ、ひとびとを操作可能な対象とみなす知見を提供している。

アイデンティティ・ポリティクスとエビデンス主義の結託

さて、これまで人間が進化の過程で獲得した道徳的な感情、いわば生得的な

32・大屋雄裕『自由か、さもなくば幸福か？——二一世紀の〈あり得べき社会〉を問う』筑摩書房、二〇一四年、一三七頁

道徳感情が、新しいタイプの差別の原因となっている可能性を指摘し、生得説の傍証となる「認知バイアス」の知見を紹介した。PCという考えが世間一般に広まったとしても、そう簡単に差別がなくならない理由を指摘したつもりだ。そのなかで認知科学や進化生物学といった、人間本性をあきらかにする画期的な科学的認識にも触れた。本書の「第六章 差別は意図的なものか」で、この、人間の生物学的な特性をどう捉えるかを問題としてみたい。

第一章で論じたアラン・ブルームは「市民」という理念について次のように述べていた。「人々に共通の利害を与え、彼らを真の同胞にする自然権の光に照らされるとき、階級、人種、国の起源、文化のすべては、消えるか霞んでしまうかする」。人種、性別、階級、文化、障害の有無といったすべてのちがいを超えて仮構されるのが「シティズンシップ」という論理（理念）であり、その論理にしたがえば、人種や性別などのちがいによって不利益を被ることがあってはならない。いかなるアイデンティティを持っていたとしても、「市民」としての「尊厳」が守られる社会を目指すのが、「リベラル」である。人種や性別のちがいによって教育環境や経済状況に格差があるならば、格差を是正する措置が講じられるべきだ。そこにあるのは、ポリティカル・コレクトネスをより徹底していけば、いずれ差別は解消されるだろう、という展望である。

しかし、「市民」という理念を前提にしても、諸々のアイデンティティが「消えるか霞んでしまう」ことはないとしたら、どうだろうか。むしろ、シティズンシップの論理によって、かえってアイデンティティの（生得的な）ちがいが際立つようになっているのが、現在の状況ではないか。そして、マジョリティによるアイデンティティ・ポリティクスは、人種や性別といったアイデンティティの（生得的な・本質主義的な）ちがいを強調することで、市民という理念の「空虚」さを暴露しようとしている。

たとえば、ある一定以上の昇進が女性に望めないようにはたらく、見えない障壁は「ガラスの天井」と呼ばれる。女性には、見えない障壁がなぜ立ちはだかるのか。しばしば、女性は家のそとで働くことに向いていないという通念を、女性自身が内面化しているからだ、あるいは、社会的な意欲はあっても働き続けられないような圧力を女性が受けているからだ、とされてきた。しかし、実験心理学者（認知心理学者）のスティーブン・ピンカーによって、さまざまな領域における男女の差異は人類が進化の過程で獲得してきた生物学的な特性（性差の生物学的な基盤）に由来する、という主張がなされている。[*33]

ピンカーによれば、男女には能力の差があるという。男性は空間把握能力が高く数学的推論が得意であり、女性は言語能力が高く共感力が優れている、と

33・スティーブン・ピンカー『人間の本性を考える——心は「空白の石版」か（下）』NHKブックス、二〇〇四年、一三九–一五五頁。橘玲『もっと言ってはいけない』新潮新書、二〇一九年、八六–八七頁

いう統計的なデータが示されているが、これは、男女が進化の過程で獲得した生物学的な特徴に由来する。かつて人類が狩猟採集生活を営んでいたとき、男性は集落のそとで狩猟をおこない、女性は育児をし、ほかの女性たちと会話しながら果物などを採集していた。その結果、男性は高い空間把握能力を持ち、女性は言語能力が高くなるにいたったのだと。ピンカーは、人文科学者が想定している「標準社会科学モデル」(Standard Social Science Model: SSSM) を批判している。「標準社会科学モデル」とは、人間の行動は、遺伝的要因といった生物学的基盤とかかわりなく、文化などの環境的な要因によって変化するという考えである。ピンカーらは、「標準社会科学モデル」を、人間の心をなんでも書き込める「空白の石板」とみなすようなものだとして、否定している。男女の性差や人種間のちがいは生得的な特徴ではなく、社会的に形成されたとする社会構築主義も否定の対象に含まれる。ピンカーは、生得的な能力のちがいを無視して、職業上のジェンダーバイアスの是正を目指す提言・政策はコストが高くつく、と批判している。[*34]

ピンカーがいうには、人種や性別には生得的なちがいがあるのだから、そのことを考慮する政策が合理的だということだ。

34・ピンカー『人間の本性を考える(下)』一四六頁

> もしどんな民族集団も男女も、あらゆる才能がまったく同じだったら、差別は単なる自己欺瞞だということになり、人びとは事実がわかりしだいそれを捨てるだろう。しかし同一ではなかったら、差異を考慮に入れるのは合理的だということになる。[*35]

たとえば、日本では著述家の橘玲《たちばなあきら》が人種（大陸系統）と知能指数にかんする研究を紹介している。橘は、統計的なデータから知能の遺伝率が約七割と、一般的に思われる以上に高いことをあげ、そして、国別知能指数のデータから、黒人や白人、アジア人といった人種によって知能に差があるのではないか、と指摘している。[*36] ここで、橘の主張や彼が依拠する科学的知見が正しいものかどうか判断することは筆者の力量を超える。しかし、橘が「「リベラルな社会ほど遺伝率が上がる」という単純な事実」[*37]を指摘していることには説得力があると思う。知能における遺伝の影響が大きいことが事実であれば、リベラルな社会はひとびとを同じ「市民」として扱い、機会均等を用意するので、親の経済状態が決定的な機会の不平等を生むことがなく、教育環境も順次整っていくの

35・ピンカー『人間の本性を考える（中）』ＮＨＫブックス、二〇〇四年、二四頁
36・橘『もっと言ってはいけない』一三二－一八一頁
37・橘『もっと言ってはいけない』五六頁

で、遺伝が知能に大きく影響する結果を生むだろう。反対に、格差や差別が歴然とある社会ならば、人種間あるいは男女間の生得的なちがいを云々する以前に、社会的な格差を問題視するのが当然だろう。もちろん、現在にいたる進化生物学や認知心理学などの目覚ましい発展も相まってということだろうが、人種や男女間の社会的な差別が基本的に解消されつつある状況になっていなければ、人種や性別の生得的なちがいにかんする議論はまず出てこないのである。その意味で、ピンカーや橘の主張はポリティカル・コレクトネス以後の典型的な言説なのだ。

すると、マジョリティによるアイデンティティ・ポリティクスとして、進化生物学の知見を利用しようとする動きが当然出てくるだろう。たとえば、アメリカではインテレクチュアル・ダークウェブ（Intellectual Dark Web: I.D.W.）という、進化心理学者やジャーナリストら知識人のネットワークがある。[*38] このグループの試みは、データに基づいてジェンダーや人種の差異にかかわる「科学的／統計的エビデンス」をあきらかにし、リベラルにとって「不都合な現実」を暴露しようとするものだ。このグループにおいて最も象徴的だったのは、元グーグルの技術者だったジェームズ・ダモアが解雇された事件だった。ダモアは、グ

38・木澤佐登志「欧米を揺るがす「インテレクチュアル・ダークウェブ」のヤバい存在感――「反リベラル」の言論人ネットワーク」『現代ビジネス』二〇一九年一月一七日 https://gendai.ismedia.jp/articles/-/59351

ーグルなどのIT業界においてジェンダー・ギャップがあるのは、男女の生物学的な特性の違いに起因する、といった文書を作成、その文書が社外にリークされ社会問題化した。I.D.W. は、グーグルを解雇されたダモアを擁護する声明を発表したという。要は男女には明瞭な生得的なちがいがあるのだから、男女平等のような政策は、本来不要なコストを社会や企業が負担することになり、男性に不利益をもたらすという主張である。

このようなアイデンティティ・ポリティクスとエビデンス主義の結託は、「新反動主義」や「暗黒啓蒙」を唱えた哲学者ニック・ランドや、彼の思想に大きな影響を受け、トランプ大統領を支持したオルタナライトにも指摘することができる。ランドは「暗黒啓蒙」という論考において「進歩主義、多文化主義、リベラリズム、ヒューマニズム、平等思想、ポリティカル・コレクトネス、人権主義[*39]」といった西欧の「普遍主義」を「大聖堂《カテドラル》」と呼び批判し、「白人至上主義者の言説[*40]」に「大聖堂《カテドラル》」を超える可能性を見出している（ちなみにランドによれば、「大聖堂《カテドラル》の中心的なドグマ」は、「標準社会科学モデル」や「空白の石板理論」である）[*41]。その論拠とされるのが、「特定の個人と集団における能力、心理的傾向、知的レベルなどの諸特性の差異の原因を遺伝子傾向に求める」という「人間の生物

39・木澤佐登志『ニック・ランドと新反動主義――現代世界を覆う〈ダーク〉な思想』星海社、二〇一九年、八七頁
40・木澤『ニック・ランドと新反動主義』九五頁
41・ニック・ランド「暗黒啓蒙（抄）」五井健太郎訳、『現代思想』二〇一九年六月号、四三頁

学的多様性」という言説である。[*42] 著述家の木澤佐登志《きざわさとし》によれば、このような言説が、「オルタナ右翼系コミュニティにおいて、レイシズムを正当化するために用いられている」という。「人種ごとのIQの平均値には統計的な差異が認められるのはデータ的にエビデンスが認められている」ということで、白人とアジア人がIQ面で優れているとほのめかし、「IQの高い集団はIQの高い集団だけで暮らした方がよい、といった排他主義／分離主義の正当化」[*43]を試みているようなのだ。つまり、アイデンティティの「同質性」を保つために、「異質なるもの」を「排除」することを「エビデンス」によって正当化している。

ここで注意したいのは、I.D.W. やオルタナライトのような主張が、「現代的レイシズム」と同じ論理構造を持つことだ。「現代的レイシズム」は次のような論理構造を持つ言説だった。

① 差別はすでに存在しない、
② したがって現在の黒人が低い地位に留まっているのは、差別によるものではなくたんに本人たちの努力不足によるものである、

42・木澤『ニック・ランドと新反動主義』九六－九七頁
43・木澤『ニック・ランドと新反動主義』九七頁

③ それにもかかわらず黒人は
ありもしない差別に対する抗議を続け、
④ その結果、手厚い社会保障などの不当な特権を得ている[*44]

I.D.W.やオルタナライトの言説は、上記の引用部の「努力不足」を「生物学的な特性」にいいかえたものである。

① 差別はすでに存在しない、
② したがって現在の女性や黒人が低い地位に留まっているのは、
差別によるものではなくたんに本人たちの
生物学的な特性によるものである、
③ それにもかかわらず女性や黒人は
ありもしない差別に対する抗議を続け、
④ その結果、手厚い社会保障などの不当な特権を得ている[*45]

彼らは、積極的是正措置が実施されているのだから、黒人や女性の差別は解

44・北村+唐沢編『偏見や差別はなぜ起こる?』一〇二－一〇三頁
45・北村+唐沢編『偏見や差別はなぜ起こる?』一〇二－一〇三頁をもとに構成

消済みだとみなしている。しかし、差別が解消されたにもかかわらず、男女や人種のあいだに格差が残っているのは、生物学的な特性によるものにほかならない。それゆえ、マイノリティへの優遇措置はマジョリティにとって不利益をもたらす、というのが彼らの主張である。

そして、I.D.W.やオルタナライトは、生物学的な知見を駆使することで、（マジョリティによる）アイデンティティ・ポリティクスをおこなうだけでなく、シティズンシップの論理を積極的に攻撃している。「市民」という理念は、あらゆるひとが自由で平等であることを保障するものだった。しかし、先に紹介したカール・シュミットが指摘するように、自由主義的な「平等」は「概念上も実際上も、空虚などうでもよい平等」でしかなかった。I.D.W.やオルタナライトは進化心理学などの生物学的な知見を生かし、「市民」という理念を前提にしても、人種や男女の生得的なちがいは霞みもしないし、消えもしないと示すことで、その理念の「空虚」さを暴露しているわけだ。このような言説の存在感が増したのは、経済格差の拡大によって「市民」の「空虚」さがあらためて実感されているからだろう。

もちろん、ピンカーや橘はI.D.W.やオルタナライトのような露骨な議論はせず、表面上は男女平等に賛同している。「ヒュームの法則」というものが知られている。スコットランドの哲学者デイヴィッド・ヒュームは『人間本性論』（一七三八年）において、「である／でない」という事実命題から「べきである／べきでない」という価値命題は導き出せないとした。[*46]たとえば、女性は子供を産む生物学的な特徴を持っているからといって、子供を産むべきであるとはいえないのである。ピンカーら進化生物学者は「ヒュームの法則」に抵触するような主張はしない。そして、しばしば科学的な知見を考慮すれば、人種や男女の生物学的な特性を認めることがかえって、男女や人種間の差別をなくすことに貢献すると主張する。

まず指摘しておきたいのは、ピンカーらが紹介する科学的な知見にすでに偏見やバイアスが入り込んでいないか、という問題である。たとえば、ピンカーは「事実にもとづいてレイプを理解することの利点は、理解することによってレイプを減少あるいは根絶させる方法が見つかるかもしれない」[*47]ところにあるとして、フェミニストらによるレイプ言説を批判し、進化生物学の知見を紹介している。これにたいし、社会学者の小宮友根《ともね》は、人間の行為にたいする「生物学的説明」には、ひとつの盲点があることを指摘している。

たとえば、進化生物学においてレイプは男女の性差による繁殖速度の差として説明される。オスとメスでは繁殖から次の繁殖にとりかかる時間が異なる。繁殖速度の速いオスには、配偶者となるメスをめぐって同性間の競争が起こ

46・デイヴィッド・ヒューム『人間本性論　第三巻　道徳について』伊勢俊彦＋石川徹＋中釜浩一訳、法政大学出版局、二〇一二年、二二一―二二三頁

47・ピンカー『人間の本性を考える（下）』一六七頁

る。いっぽう繁殖速度の遅いメスは配偶者の選別には慎重になり、オスを選り好みする。レイプは、同性間の競争が激しいオスが配偶者を獲得するための繁殖戦略のひとつとして説明される。ピンカーらは、このような生物学的な知見を受け入れることが、レイプを減らすことにつながると主張する。

しかし、小宮によれば、このような進化生物学によるレイプの「生物学的な説明」には、「被説明項であるところの行為をいかにして同定するのかという問題[*48]」が見過ごされている。つまり、ある行為をどのようにして「レイプ」と規定するのか、という問題が検討されないままだ、という指摘である。「人間の行為には、研究者が定義を与える以前に、すでに人間社会の成員自身によって、言語による記述のもとで理解されているという重要な特徴がある[*49]」。レイプはかつて「女性所有者に対する犯罪」とみなされ、裁判においても女性のアイデンティティ（処女か処女でないか、といった性経験の有無）が、ある行為をレイプと認定する際の判断材料とされた。しかし、フェミニズムは、レイプがそのような女性のアイデンティティ（個人の社会的属性や来歴など）とかかわりなく、市民としての権利の侵害であると「レイプの概念を争」い、「それによってレイプという行為をいわば記述しなおし」したという歴史がある[*50]。小宮の指摘によれば、

48・小宮友根『実践の中のジェンダー――法システムの社会学的記述』新曜社、二〇一一年、二二頁
49・小宮『実践の中のジェンダー』二二頁
50・小宮『実践の中のジェンダー』二六頁

ピンカーらの生物学的な説明は、一見、行為の因果関係をあきらかにするようでいて、偏見やバイアスが入り込む余地があるのである。このような問題を意識しながら、ピンカーの言説の問題点をこれから見ていこう。まず指摘したいのは、差別的であることと合理的であることは異なるということである。

第五章
合理的な差別と統治功利主義

フェイクニュースと黙説法

合理的であることと差別的であることの区別が重要なのは、差別的言説はファクトやエビデンスに基づかないフェイクである、という先入観・固定観念がしばしば私たちに見られるからである。また、そのような先入観によって、前章で紹介したI.D.W.やオルタナライトのような合理性を盾にした差別的言説が蔓延する余地が生まれている。彼らは「ファクトやエビデンスに基づくがゆえに（合理的であるがゆえに）自分たちの主張は決して差別ではない」と開き直る傾向がある。近年、フェイクニュースといった事実に基づかない差別が社会問題となった。しかし、これからより注意が必要なのはファクトによる差別であることを、この章では示したい。

二〇一六年のアメリカ大統領選において、候補者であったトランプが自身のTwitterでオバマ大統領が外国人ではないか、というデマを流すなど、事実に基づかないフェイクニュースが問題視された。日本でも二〇一七年に、TOKYO MXのテレビ番組『ニュース女子』が、沖縄の高江ヘリパッド建設の反対派がお金で雇われており、のりこえねっと共同代表の辛淑玉《シンスゴ》が運動を煽動していると報道し、批判を浴びたことが知られる。[*1]

1・吉野太一郎「「ニュース女子」沖縄報道でBPOに人権侵害申し立て「放送局の体をなしていない」と辛淑玉さん」HUFFPOST、二〇一七年一月二七日
https://www.huffingtonpost.jp/2017/01/27/news-joshi-bpo_n_14429510.html

「在日特権」という言説もフェイクニュースのひとつに数えられるだろうし、とりわけ歴史認識の問題においては、「アウシュヴィッツはなかった」とか「南京大虐殺はなかった」といった歴史修正主義もまたそうだといえる。このようなフェイクニュースが氾濫するなかで、ファクトやエビデンスに基づいた言説が重要視されるようになっている。

たしかに、反差別運動はフェイクにたいする闘いだったといえる。たとえば、ハンセン病やHIVにおいては、病気への間違った認識・偏見によって患者・感染者にたいする差別的な扱いがまかり通ってきたため、正しい医学的な知識の普及が必要とされてきた。また、かつて女性や黒人が参政権を求めた運動は、権利の獲得を目指すだけでなく、女性や黒人には政策を判断し、政治に参加するだけの能力がないというステレオタイプ（非現実）の解体をも目指すものだった。ファクトが反差別運動に重要な役割を果たしてきたのは間違いない。しかし、I.D.W.やオルタナライトは、科学的エビデンスを掲げて人種や性別間の格差を肯定しようとしたものだった。

ここではかつて筆者が執筆した文章に基づいて考えてみよう。筆者は差別的な言説の典型的なレトリックとして、黙説法《もくせつほう》や言い落としがあることを指摘したことがあった。黙説法とは、あえて言葉を省略することで、読者に省略した部分を推測させ、よりふかい印象を残すというレトリックである。たとえば、佐藤信夫の『レトリック認識』では、太宰治の小説「道化の華」の末尾が黙説法の例として引かれている。[*2]

葉蔵は、はるかに海を見下ろした。すぐ足もとから、三十丈もの断崖になつてゐて、江の島が真下に小さく見えた。ふかい朝霧の奥底に、海水がゆらゆらうごいてゐた。
そして、否、それだけのことである。(太宰治「道化の華」)

「道化の華」は太宰治自身の心中事件を題材にした小説で、女性とともに海に飛び込み、自分だけが生き残ってしまった葉蔵《ようぞう》が療養院で過ごす日々が描かれている。引用箇所は小説の末尾、退院の日を迎えた葉蔵が、看護師の眞野と療養院の裏山に登ったシーンである。断崖の下の海の描写につづく「そして、否、それだけのことである」という一文によって、読者は葉蔵の心中事件を想起するようになっている。

では、黙説法というレトリックが差別とどんな関係にあるのだろうか。たとえば、「○○はあれだから治安が悪い」とか「○○さんは実はあれなんだ」という文句を耳にしたことはないだろうか。「あれ」は「被差別部落」や「在日

2・佐藤信夫『レトリック認識』講談社学術文庫、一九九二年、四五頁(単行本は講談社、一九八一年)

朝鮮人」を指すが、決して明示的に示されるわけではない。しかし、会話の聞き手は話し手の口ぶりからその内容を推測して了解する。差別的な言説はヘイトスピーチのような露骨な表現ばかりではない。あえて言い落とすことで、聞き手にその内容を推測させ、十分に差別的な雰囲気を醸し出すことに成功する。そして、いざ責任を追及されたときは、そんなことはいっていないと言い逃れできる。触れてはいけないタブーとして差別を焦点化し、演出し、責任逃れもできるという便利なレトリックなのである。

筆者はこの黙説法のレトリック分析を応用して、政治評論家の三浦瑠麗による「スリーパーセル」発言を批判したことがあった。[*3] 金正恩《キムジョンウン》書記長とトランプ大統領の首脳会談が開かれる以前、北朝鮮（朝鮮民主主義人民共和国）が核実験やミサイル発射実験を繰り返し、米朝戦争という言葉が週刊誌やワイドショーを賑わせていた時期だった。三浦はテレビ番組にコメンテーターとして出演し、次のような発言をした。

> 実際に戦争がはじまったら、テロリストが仮に金正恩さんが殺されても
> スリーパー・セルと言われて、指導者が殺されたのがわかったらもう一切

3・綿野恵太「差別は文体の乱調にあり――森友学園と「スリーパー・セル」発言」『週刊読書人』二〇一八年四月六日号
https://dokushojin.com/article.html?i=3158

外部との連絡を絶って都市で動き始める〔中略〕テロリスト分子がいるわけです。それがソウルでも、東京でも、もちろん大阪でも、今結構大阪ヤバいと言われていて……[*4]

三浦の発言は、在日朝鮮人が多く住む大阪にテロリストが潜んでいると主張するもので、在日朝鮮人への偏見を助長するものだとして批判を浴びた。しかし、三浦は「私は番組中、在日コリアンがテロリストだなんて言っていません。逆にそういう見方を思いついてしまう人こそ差別主義者だと思います[*5]」と反論した。

たしかに「大阪ヤバいと言われていて」というあいまいな表現であるために、字義どおりにとれば、「在日朝鮮人がテロリストだ」とか「在日朝鮮人のなかにテロリストが潜んでいる」ということを三浦は発言していない。しかし、三浦の批判者がいうように、そうした趣旨を十分に推測させる表現となっている。三浦のあいまいな表現は黙説法の機能を果たしている、といえるだろう。

差別的な言説に言い落としが大きな役割を果たしているという着想を得たの

4・三浦瑠麗「朝鮮半島をめぐるグレートゲーム」「山猫日記」二〇一八年二月一二日 http://lullymiura.hatenadiary.jp/entry/2018/02/12/205902

5・「三浦瑠麗氏、ワイドナショーでの発言に批判殺到 三浦氏は「うがった見方」と反論（アップデート）――三浦氏「このレベルの発言が難しいのであれば、安全保障についての議論は不可能」」HUFFPOST、二〇一八年二月一二日 https://www.huffingtonpost.jp/2018/02/12/ruri-miura_a_23359021/

は、詩人安里미겔《あさとミゲル》の指摘からだった。安里は文章の誤りを正す校正者の立場から、差別的な言説は、その論理的な矛盾や不備を覆い隠すために、しばしば文体が「破格」や「乱調」といったかたちをとることを指摘している。[*6] 筆者は、文体の「破格」や「乱調」が、黙説法や言い落としというレトリックにあたるのではないか、と考えたわけだ。では、このような黙説法や言い落としを用いた差別的な言説にどう対抗すべきか。逆に「乱調」や「破格」といったレトリックをとりのぞき、文章を整合的に再構成したうえで、そのレトリックで覆い隠そうとした論理的な矛盾点や不備をあぶりだせばよい。

　三浦は自身の発言が安全保障の議論であり、差別的な発言ではないと反論文を書いている。その反論文では「大阪ヤバいと言われていて……」とあいまいな表現で言い落とした部分を三浦自身が再構成してくれている。では、スリーパーセルの存在を示すエビデンスをあきらかにしたのだろうか。三浦は「私自身、政治家や官僚との勉強会や、非公表と前提《ママ》とする有識者との会合から得ている情報もあるので、すべての情報源を明らかにすることはできませんが、本件は、専門家の間では一般的な認識であり、初めてメディアで語られたことですらありません[*7]」と述べるだけで、機密情報であることを理由にそのエビデン

6・安里미겔「憲法十二条義疏——主体百六年冬十二月丁酉校聖親肇作憲法十二条注疏之大盛」『子午線』Vol.6、書肆子午線、二〇一八年

7・三浦「朝鮮半島をめぐるグレートゲーム」

スは示さなかった（示せなかった）。三浦もこの反論だけでは不十分だと思ったのだろう。一般的に公開される情報でもいくつか論拠をあげている。そのなかで真っ先に挙げたのは、英国の『デイリー・メール』紙の記事であった。[*8] しかし、『デイリー・メール』紙はウィキペディアでは信用できない情報源として、引用が原則禁止となっているニュースメディアなのである。

まずここからいえるのは、「政治家や官僚」「有識者」を持ち出しながらも「情報源を公開しない」というのは、週刊誌の芸能ゴシップ記事によく登場する「芸能関係者」から情報を得たとするのと同じ手法だということだ。取材源の秘匿というジャーナリズムの原則を悪用した、論拠やエビデンスを明示しない書き方、「……と言われていて」といった伝聞形式で、あたかもひろく認識され共有されている、確定的な事実であるかのような書き方は、保守系雑誌にしばしば見られるものである。その記事の多くが、安全保障論議を借りて北朝鮮や中国の脅威を訴え、ナショナリズムを煽るものだ。一応は論考・論文という体裁をとっているために、言い落としや黙説法といったレトリックをもちいることが難しい。その代わりに、部分的に取得された機密情報（自分を含む特定少数だけがアクセスできる）という、あたかもエビデンスがあるかのように

8・「下記（韓国の情報源に基づく英国の記事）では、北朝鮮から、ラジオを使って暗号が流されたことを報道しています。」（三浦「朝鮮半島をめぐるグレートゲーム」）
"North Korea broadcasts 'coded message to sleeper agents' on radio, sparking fears of an attack" https://www.dailymail.co.uk/news/article-3956556/North-Korea-broadcasts-coded-message-sleeper-agents-radio.html

見せかける手法が用いられる。

三浦のスリーパーセル発言後、北朝鮮情勢が急展開したことはすでに知られるとおりである。南北首脳会談、米朝首脳会談がおこなわれた。金正恩が暗殺されることも、「大阪ヤバい」という事態も起こらなかった。かつて筆者がいいたかったのはこういうことだ。「エビデンス」に基づかないフェイクニュースにおいては、黙説法や言い落としといったレトリックが使われる。それというのも、情報の信憑性が高いと読者に思い込ませるためなのだ。ヘイトスピーチのような露骨な差別表現よりも、レトリックによってほのめかす差別表現こそ問題にしなければならない、と。

しかし、いま自分自身の文章を読み返してみて、さらに一歩議論を進めるべきだったと思っている。上記の文章で筆者は、三浦の「スリーパーセル」発言をフェイクニュースとみなして批判しているが、もし三浦が十分なエビデンスを提示し説得力のある論理展開を示していたとしたら、どういうかたちで対処すべきだったか、と。

筆者の批判は、差別的な言説が論理的な矛盾を抱えた、不合理なものであるという考えを前提としている。だからこそ、その論理的矛盾を隠すために文体の「乱調」や「破格」が生じ、機密情報とされるものが隠れ蓑・言い訳として使われるのだ、と。しかし、もし論理的に矛盾のない合理的な言説が、そのまま差別的な言説だったとしたら、どうすべきなのだろうか。I.D.W. の例が示すように、これからより問題になると予想されるのは、科学的なエビデンスや統計的なデータに裏付けされた合理的な差別的言説なのである。

差別的な言説はしばしば合理的である

アメリカの法学者デボラ・ヘルマンは、人種や性別、年齢や障害など「特定の特徴に基づいて人々の間に区別を付けることは合理的な場合もあるが、しかし、そのような差異化は〔……〕合理的であっても悪質な場合がある」と指摘している。[*9] つまり、ヘルマンによれば、差別的な言説はしばしば合理的なのだ。

たとえば、ヘルマンは次のような思考実験をあげる。ハーバード・ビジネススクールを卒業した女性の卒業後の勤務状態を調査したところ、常勤職で働いている女性はそのうちわずか三八パーセントだった。ほかの調査ではさらに低い結果を示していた。そこで、知識や技能を活用する見込みが低い女性に教育することは無駄だという理由から、ハーバード・ビジネススクールは入学試験において女性よりも男性の志望者を優遇すべきという決定をしたとする。この

9・デボラ・ヘルマン『差別はいつ悪質になるのか』池田喬＋堀田義太郎訳、法政大学出版局、二〇一八年、二〇九頁

ような事例はどう考えるべきだろうか。

ヘルマンが想定した思考実験は日本では現実に起こってしまっている。二〇一八年東京医科大学が入学試験において女子受験者の得点を一律に減点して、女性の合格者数を制限していたことがあきらかになった。同大を卒業した女性医師が結婚や出産で離職し、系列病院で医師が不足することを恐れて、このような性別を理由にした入学制限をおこなっていたという。[10]

女性は妊娠し出産するという生物学的な特徴を備えている。たほう、現在の日本では結婚や出産を機に離職せざるをえない労働環境がある。男性に比べて女性の離職率が高いことは統計的にはもちろん、経験的にもあきらかだろう。系列病院の医師不足を未然に防ぐという観点からすれば、大学の判断は合理的である。もちろん、女性の入学者数を制限することよりも、医療現場の過酷な労働環境が改善されるべきだが、両者のコストを天秤にかけて、前者（女性入学者数の操作）のほうが効率的であると判断したのだろう。しかし、このような措置は合理的で効率的であったとしても、女性にたいして差別的である。

ヘルマンは次のような例も出している。たとえば、ある企業が労働者を雇おうとして、白人の高校卒業生だけを雇用し、黒人の高校卒業生は雇用しないと

10・「女性医師、制限より変革を　東京医科大の女子合格抑制問題」産経 WEST https://www.sankei.com/west/news/180828/wst1808280063-n1.html

いう決定を合理的にくだすことが想定できる。[*11] 人種を判断の材料とすることは、人種のカテゴリーが労働者に必要な能力と実証的に相関しているなら、合理的である。もちろん、志願者全員に試験を実施したほうがより正確な選考をおこなえるが、試験をおこなう費用よりも、人種を指標として判断するほうが安くつくのであれば、雇用者にとって合理的であるだけでなく、効率的である。ここで問題となっているのが、いうまでもなく統計である。

ヘルマンの理論はふたつの道徳原理を前提とする。ひとつ目は「人格には、お互いを尊敬して扱うように要求する価値、あるいは固有の尊厳があるという原理[*12]」であり、ふたつ目は「すべての人格に備わる固有の尊厳と価値は、人々のもつその他の特徴によって変わることはない[*13]」とするものである。そして、差別とは「貶価《へんか》すること（demean）」＝「他者を不完全な人間として、または同等の道徳的価値をもたない者として扱うこと[*14]」であるという。つまり、いかなるアイデンティティを持つ者にもそれぞれ固有の尊厳があり、その尊厳を貶《おとし》めるような行為が差別である。本書の「アイデンティティ」と「シティズンシップ」の区別にしたがえば、ヘルマンの主張は「シティズンシップ」の論理である。先の、女性の入学者数を制限する大学側の措置は合理的であり、効率的で

11・ヘルマン『差別はいつ悪質になるのか』一七九頁
12・ヘルマン『差別はいつ悪質になるのか』一〇頁
13・ヘルマン『差別はいつ悪質になるのか』一〇頁
14・ヘルマン『差別はいつ悪質になるのか』五一頁

あるが、「市民」としての「尊厳」を貶めているという意味で差別的なのだ。

ヘルマンは「多くの悪質な差別は合理的であるという見方に論争の余地はない」[15]として、次のように述べている。

> 悪質な差別の目立った実例が人種集団や女性についての不正確な一般化に基づいていたという事実に反応して、私たちは、この不正確さをそうした差別を不当にしているものの原因とみなすという誤りを犯してきた。[16]

言説が合理的であるかどうかは、その言説が差別的であるかどうかを決定しない。差別かどうかを決定するのは、「市民」としての「尊厳」なのである。

スティーブン・ピンカーによれば、人種や男女の差異を示す科学的エビデンスや統計データを考慮に入れることは合理的であるという。「もしどんな民族集団も男女も、あらゆる才能がまったく同じだったら、差別は単なる自己欺瞞だということになり、人びとは事実がわかりしだいそれを捨てる」が、「しかし、同一ではなかったら、差異を考慮に入れるのは合理的」である。もちろん、統計データによって判断することは人種や性別にかんしてあらたな偏見を

15・ヘルマン『差別はいつ悪質になるのか』一八三頁
16・ヘルマン『差別はいつ悪質になるのか』二〇三－二〇四頁

抱かせる危険性があるが、「その危険は集団間の差異が遺伝によるものであるか環境によるものであるかにかかわらず生じる」[17]。

しかし、ピンカーがいうように、遺伝によって決定されるか、環境によって決定されるか、に大きなちがいはないのだろうか。すでに指摘したように、ピンカーなどの進化生物学者は、人文科学者が想定している「標準社会科学モデル」を批判している。「標準社会科学モデル」とは、人間の行動は、遺伝的要因といった生物学的基盤とかかわりなく、文化などの環境的な要因によって変化するという考えである。男女の性差や人種間のちがいは生得的な特徴ではなく、社会的に形成された、とする社会構築主義もここに含まれる。

たとえば、ピンカーが批判する社会構築主義にとっては、統計によって職業や賃金のジェンダー・ギャップが示されたならば、そのような差別的な現状を改善することが必要とされる。しかし、「ジェンダー・ギャップそのものは、男女の石版〔石板〕が空白ではないかぎり差別について何も言っていないし、男女の石版〔石板〕は空白ではない」[18]とあるように、ピンカーなどの進化生物学者からすれば、職業や賃金のジェンダー・ギャップを示す統計的なデータは男女の生得的なちがいから導かれた結果でしかない[19]。統計的なデータは合理的である

17・ピンカー『人間の本性を考える(中)』二四–二五頁
18・ピンカー『人間の本性を考える(下)』一四五頁
19・ピンカー『人間の本性を考える(下)』一三九–一四九頁

り、合理的であるがゆえに肯定されるべきものとなる。「集団間の差異が遺伝によるものであるか環境によるものであるか[20]」によって、統計的なデータはまったく別の扱われ方をしているのである。

もちろん、ピンカーは、統計的データが示す職業や賃金のジェンダー・ギャップを維持すべきだ、とはいわない。すでに述べたように、ピンカーは「である」という事実的な言明から「すべき」という価値判断は導けないという「ヒュームの法則」を認めている。みずからのアイデンティティにおける生物学的な特徴を強調するI.D.W.の立場とピンカーの立場は異なっているかのように見える。しかし、ピンカーが次のように述べるとき、いったい何をいわんとしているのだろうか。

> さて、もし民主主義国が賃金や仕事を男女五分五分にする政策を本質的に価値ある目標であると判断したとしたら、その実施を妨げるようなものは自然科学にも社会科学にもない。科学の所見が語っているのは、そのような政策を実施した場合には便益と一緒にコストもついてくるということである。結果平等の政策を実施した場合のあきらかな便益は、まだ残って

20・ピンカー『人間の本性を考える（中）』二一四－二一五頁

> いる女性差別がそれによって解消されるかもしれないという見通しである。しかしもし男性と女性が置き換え可能ではないとしたら、コストのほうも考慮されなくてはならない。[*21]

ピンカーが批判対象として想定しているフェミニズムが「賃金や仕事を男女五分五分にする政策」＝「結果平等の政策」を本当に求めたかどうか、という問題はここでは措く。

それ以上に問題なのは、「コスト」と「便益」を対比させる典型的なロジックである。ピンカーは「である」から「すべし」を導くことを巧妙に避けつつ、「コスト」と「便益」といった「効率性」を強調することで、何をいおうとしているのだろうか。科学的なエビデンスによれば、男女には置き換え不可能な差異がある。「そして、否、それだけのことである」というわけだ。ピンカーらはこの言い落としによって、あらゆる人間が自由で平等であるという「市民」という理念が「空虚」であることを暴露しようとしている。しかし、なぜ、この「市民」という理念が、あらゆる人間には同じ能力があり、教育や環境によって改善できるという「空白の石板」（個人間に生得的な差異は存在せず、環境

21・ピンカー『人間の本性を考える（下）』一四六頁

によって決定付けられる）のような考えに結びつきがちなのか、この点は次節「差別は差異を根拠とするのか」で詳しく説明する。

さて、三浦瑠麗が「スリーパーセル」発言をした安全保障の分野においても、この「コスト」と「便益」の話法は有効である。テロリストが同時多発的にテロを起こすという事態はアメリカですでに起きていた。興味深いことに、ピンカーは「コスト」と「便益」による判断の危険性をみずから語っている。

> 二〇〇一年に世界貿易センターやペンタゴンを襲ったテロ以来、世論調査を受けたアメリカ人のおよそ半数は、民族による選別――「アラブ人で飛行機に乗っている」という判断で乗客を取調べること――に反対しないと回答した。この二つを区別する人は、マリファナの密売人を捕まえる便益《ベネフィット》は、無実の黒人ドライバーにあたえる害よりも大きくないが、自爆ハイジャッカーを阻止する便益は無実のアラブ人旅行者にあたえる害を上まわると考えているにちがいない。コスト便益分析は、ときに人種にもとづく優先を正当化するためにも使われる[*22]〔……〕

22・ピンカー『人間の本性を考える（中）』二六－二七頁

もしかしたら、テロリストにアラブ人が多いという判断は合理的（妥当性が高く理にかなったこと）であるかもしれない。飛行機の乗客全員を検査するよりも、アラブ人だけを検査したほうが効率的であるかもしれない。しかし、繰り返すが、合理的であり、効率的であることと差別的であるかどうか、はちがうのである。三浦は「安全保障は確率論の世界」であり、「専門家は、リスクの可能性を1%でも減らし、危険に対する対応力を1%でも増やすために日々努力している」と述べていた。[23] いいかえれば、三浦は「統治」の問題を扱っていたといえる。

差別は差異を根拠とするのか

スティーブン・ピンカーが批判するような、人種や性別間に生得的な差異は存在せず、環境によって決定付けられた差異のみがある、という考えはどこから来たのだろうか。この問題は、フェミニストの江原由美子が指摘する「「差別の論理」の巧妙なしかけ」と「「反差別」の言説の強いられる困難性」[24]に起因するのではないだろうか。江原によれば、フェミニズムといった反差別の言

23・前掲、三浦瑠麗「朝鮮半島をめぐるグレートゲーム」
24・江原由美子「「差別の論理」とその批判」『女性解放という思想』勁草書房、一九八五年、八一頁

説がしばしば「差異」を否定するのは、否定しなければ「不平等」を認識させることができないからである。

「不平等」を「不平等」として認識させるためには、論理的に、差別者と被差別者が同一カテゴリーであるということを根拠とせざるをえない。しかし、「不平等」が「不平等」として認識されない社会においては一般に差別者と被差別者のカテゴリーが別であるということが「常識」となっている。差別者と被差別者は「差異」があり、別のカテゴリーに属しているということが「常識」となっているのである。[*25]

男性と女性がまったく同じ生物学的特徴を持つとフェミニズムは考えているわけではない。しかし、「「女性も男性と同じ能力がある」と主張せざるをえない」のは、「女性の側の「差異＝悪」という「思い込み」」によるのではなく、男女が「同一カテゴリー」であることをまず主張しなければ、不平等という差別的な現実を認識させることができないからである。[*26]

江原がここでいう「反差別」の言説とは、本書の区分にしたがえばアイデン

25・江原『女性解放という思想』七一頁
26・江原『女性解放という思想』七六頁

ティティの論理を指している。江原によれば、アイデンティティ・ポリティクス全般に「「差異」それ自体を否定する方向」と「「差異の価値付け」を変えようとする方向」への分裂が見られるという。[*27] たとえば、黒人運動においても、白人と同等の権利を求め白人との「差異」を認めない公民権運動と並んで、「ブラック・イズ・ビューティフル」を標語とした黒人の「差異」を取り戻そうとする運動があった。

しかし、江原によれば、アイデンティティ・ポリティクスの核になる「差異」は反差別運動を可能にするが、いっぽうで運動内の分裂を引き起こしてしまう。

個別的な「差別問題」において、何をどの次元の「差異」とするか合意を得ることは非常に困難であることが予想される。被差別者は「差別」という事実の前において同一であるだけであって、その状況において多様である。一般に被差別者を単一カテゴリーの集団として規定するのは差別者であり、被差別者は「反差別」の運動過程において真に集団形成していく可能性はあれ、集団としての実質も、単一文化も持たぬことが多い。それ

27・江原『女性解放という思想』七三頁

ゆえ、どの属性をどの次元の「差異」とするかに関しては、基本的に被差別者内部において対立が存在してしまうのが当然であろう。[*28]

アイデンティティ・ポリティクスとは、社会的に不利益を被っているアイデンティティを持つ集団が社会的な地位の向上や偏見の解消を目指す運動だった。アイデンティティは集団の結束を可能にするが、しかし、いっぽうでそのアイデンティティ＝差異は差別者によって設定されている。そして、アイデンティティ・ポリティクスはそのアイデンティティ＝差異に基づかざるをえないため、他のアイデンティティ＝差異を抑圧する傾向がある。たとえば、二〇一八年七月にお茶の水女子大学が「トランス女性」（生まれたときの性別を男性と割り当てられたが、性別違和を感じ女性として社会生活をおくるひと）の入学の受け入れを発表したところ、Twitter上で「フェミニスト」を自称する女性らによる「トランス女性」を排除・差別する言説があふれたことは記憶に新しい。[*29] 現在のアイデンティティ・ポリティクスが直面している問題点が江原によってすでに一九八〇年代に指摘されているし、しかもその反差別的な言説が持つ困難性じたいが差別の論理に起因しているわけである。

28・江原『女性解放という思想』七七頁

29・堀あきこ「トランスジェンダーとフェミニズム　ツイッターの惨状に対して研究者ができること」『ウィメンズ アクション ネットワーク』二〇一九年二月四日 https://wan.or.jp/article/show/8209

江原は障害者運動を例に出して次のようにいう。

> 軽い「障害者」は往々にして、自己の「障害」がほとんど日常生活に支障をきたさないのに、様々な「偏見」によって「差別」されていることに怒りを感じざるをえない。それゆえ、「差異の存在」自体を否定する論理にむかいがちである。他方、重い「障害者」はまさにその論理の中に自己の存在の「否定」を見出してしまう。「差異がないのに差別されている」と怒ることは、では、「差異があれば差別されていいのか」という後者の側からの問いかけを必ず生む。それゆえしばしば、軽い「障害者」と重い「障害者」の間の対立は「健常者」と「障害者」との間の対立以上に深刻になる。[*30]

江原が指摘するとおり、「一般的な「障害者」などこの社会にはいないのであ」り、「いるのは単に様々な「障害」を持った人々だけである」[*31]。いや、この江原の主張じたいも障害者／健常者という差別の論理（この表現が強すぎれば、差別者によって強いられた二項対立）を前提にしすぎているかもしれない。本来ならば、

30・江原『女性解放という思想』七八頁

31・江原『女性解放という思想』七九－八〇頁

さまざまなアイデンティティを複数あわせ持った個人、ここで江原の言葉を借りれば、「多様な「差異」」[*32]があるだけなのである。江原は、自然的な・身体的な次元における「差異」もまた多様であるはずなのに、性別における特定の「差異」だけがなぜ強調されるのか、と批判している。[*33]

江原の指摘（多様な差異だけがある）を敷衍すれば、積極的是正措置や多文化主義教育もまた、同じく「差別の論理」に陥っているのではないだろうか。差別者と被差別者の不平等を認識させるために、「同等の能力」を持つことを前提としなければならず、それでいて「「差異」それ自体を否定する方向」と「「差異の価値付け」を変えようとする方向」とに分裂せざるをえない。統計的なデータは不平等を是正するために活用されもするが、ありもしない「一般的な」被差別者像を構築してしまう。

差別の論理が設定した「差異」そのものを吟味することじたいがひとつの罠ではないか、ということだ。ここで江原が次のようなことを指摘しているのは興味深い。

――障害者差別、性差別などは一見、「能力」や「身体的条件」に基く「差別」――

32・江原『女性解放という思想』八一頁
33・江原『女性解放という思想』八〇頁

> であるように思えるが、実際はそうではない。もし「能力」や「身体的条件」それ自体が差別の根拠ならば、それは「障害者」や「女性」を排除する論理を必要としないであろう。それらが必要とされるのは実は逆であって、「能力」や「身体的条件」を判断させる変数に性別や障害者というカテゴリーが使用されているのである。すなわち、「能力」や「身体的条件」等の測定は実のところ非常に困難であり明示的でないのに対し、「性別」や「障害の有無」は明示化させられているので、それを「能力」や「身体的条件」の指標とする方が簡単なのである。[*34]

しかし、驚くべきことは、いまや「能力」や「身体的条件」等の測定が困難でなくなり、明示的になりつつある状況になっているにもかかわらず、「合理的」であり、「効率的」であるという理由から、いまだに「性別」や「人種」が「能力」や「身体的条件」の指標として利用されていることなのである。

興味深いことに、江原は「差別の機能が何であれ、それが被差別者の特性や固有性とはほとんど無関係であ」り、「「差別」は「差異」などに根拠を持ってはいない」と指摘している。[*35] そして、差別は「AはAではない」という「ト

34・江原『女性解放という思想』八七頁
35・江原『女性解放という思想』八八頁

ートロジー」をもとにした排除であり、その不当性を隠すためにさまざまな「差異」が理由として後付けされるのではないか、と。[*36] 江原によれば、差別の論理とは次のような形式をとっている。

> AはĀに対し、Aでないという理由でAの成員が持つ基本的権利を否定するのであるが、そのことはĀの属性（B）が提示され、Aの属性は単にその否定として示されることにより、あたかもĀの帰属させられるBという実在的な「差異」的属性こそが、AのĀに対する「差別」的待遇の根拠であるかのように装置の中にしくまれる。たとえば、女性が男性（A）から排除されるのは、女性が男性ではない（Ā）ためにすぎないのに、あたかもそれが女性に帰属される属性（B）、たとえば女性が子どもを産む性であるとか、感情的・感性的であるとかいった属性を持っているためであるようにしくまれるのである。[*37]

つまり、差別とは「ĀはAではない」という「トートロジー」をもとにした排除であり、実はBなる属性は必要としない。「在日認定」と呼ばれるネット

36・江原『女性解放という思想』九一頁
37・江原『女性解放という思想』九〇頁

上の言説を例にとって考えてみよう。これは、犯罪を起こした人物やスキャンダルを起こした著名人を在日朝鮮人だと根拠なく断定する行為である。しかし、なぜスキャンダルや犯罪といった出来事があって、初めて在日朝鮮人として「認定」されるのだろうか。この言説は在日朝鮮人と日本人のあいだに、明確な指標となる「差異」が見出せないことをあらかじめ認めている。在日認定という差別的言説において、「在日朝鮮人」は実在的な「差異」（B）をもった存在ではなく、日本人ではない存在（Ā）としてだけ扱われている。

ここで興味深い心理学の実験がある。差別につながる認知バイアスとして「内集団バイアス」を先に紹介したが、[*38] 心理学者のアンリ・タジフェルは、内集団バイアスが起こる集団の最小限度の条件を考察した。タジフェルの実験では、クレーもしくはカンディンスキーのどちらの絵画を好むか、コイントスでコインの表裏どちらが出たのか、といった規準で、被験者らをふたつのグループに分けた。そして、被験者に自分がどちらの集団に属するかを教えたあと、ほかの被験者への謝礼金額を決めさせた。すると、自分が所属しない集団（外集団）よりも、自分が所属する集団（内集団）のほうに、謝礼金額が多く分配されていた。つまり、「最小のはずの状況にさらに何かの要素を加える必要もなく、

38・本書「第四章 道徳としての差別」一七二頁

差別が発生したのである」[*39]。タジフェルの実験の結果は、「実在的な「差異」」がなかったとしても、差別は存在するという江原の主張を裏付けるように思われる。コインの表（A）と裏（Ā）という差異だけで、内集団と外集団（「私たち」と「彼ら」）が形成され、内集団へのひいきと外集団への差別は発生する。そこには「実在的な「差異」」（B）は必要ではない。むしろ、差別があたかも当然であり、合理的であるかのように見せるために、「実在的な「差異」」（B）は必要とされる。そして、「実在的な「差異」」によって合理化されることで、差別はより強固なものになっていく。

ここまで江原の議論を見てきたが、人種や性差による能力のちがいはないという言説の背景には、「「不平等」を「不平等」として認識させるためには、論理的に、差別者と被差別者が同一カテゴリーであるということを根拠とせざるをえない」という事情があった。江原は指摘していないが、「市民」という理念は、「不平等を不平等として認識させるため」の「同一カテゴリー」として、近代において機能してきたのではないだろうか。あらゆる人間がそのアイデンティティにかかわらず、自由で平等であることを保障する理念的カテゴリーが、「市民」だった。そのような理念を（理念として）仮構すればこそ、不平等が

39・北村＋唐沢編『偏見や差別はなぜ起こる？』一六頁

不平等だと初めて認識されるようになったのではないか。反差別的な言説において、アイデンティティとシティズンシップの論理が、異質な政治的実践や政治理論を導くものでありながらも、明確に区別できない理由はここにある。

しかし、カール・シュミットが指摘するように、市民という理念が志向し・保障する「平等」は「概念上も実際上も、空虚などうでもよい平等」でしかない。経済的な不平等が拡大している昨今においては、その「空虚」さはよりいっそう強く実感されているにちがいない。このような状況において、先に検討したスティーブン・ピンカーらは、生物学的な差異を強調することで、「市民」という理念が「空虚」で「どうでもよい」ことをあらためて暴露しようとしている。シティズンシップの論理は、いまや（生得的な）アイデンティティに基づくふたつの政治と対立していることになる。ひとつは、第一章で見たアイデンティティの「同質性」に依拠した民主主義である。もうひとつは、これから見ていくが、アイデンティティから「コスト」と「便益」を計算する統治功利主義である。

統治功利主義の台頭

すでに指摘したように、スティーブン・ピンカーらは生物学・進化心理学の知見に基づき、平等主義的な政策を実施した際の「コスト」と「便益」は比較されるべきだと強調し、平等主義に実質的に反対している。ピンカーや橘玲《あきら》らの主張は、かつて倫理学者のピーター・シンガーが提唱した「ダーウィニアン・レフト」(ダーウィン的左派)と呼ばれるものに近い。シンガーによれば、「ダーウィニアン・レフト」は「進化の方向それ自体が「良い」、あるいは「正しい」とする考え」[*40]や「「適応的ではない者」を援助する社会政策は、遺伝的に有害な結果をもたらすという見方」[*41]をとってはならない。なぜなら、これらは社会ダーウィニズムやナチスドイツの優生学の立場だからである。たいして「ダーウィニアン・レフト」がとるべき主張は次のようなものだ。

> 進化論に照らして人間の本性を理解することで、平等についての様々な考え方も含めた社会的、政治的な目標を達成するうえでの方法を見つけることができる。そしてそれを実行するとしたらどれくらいのコストがかかり、効果が期待できるかまで査定できるという主張[*42]

この主張が特徴的なのは、「どれくらいのコストがかかり、効果が期待でき

40・ピーター・シンガー『現実的な左翼に進化する――進化論の現在』竹内久美子訳、新潮社、二〇〇三年、二七頁
41・シンガー『現実的な左翼に進化する』二八頁
42・シンガー『現実的な左翼に進化する』二九頁

るかまで査定できる」という際の、「コスト」と「効果」およびそれらの査定可能性という視点である。ピンカーもこの主張に沿うかのように、「……すべき」という価値命題に言及することは避けつつ、「コスト」と「便益」という観点から、ジェンダー・ギャップについて次のように述べている。すでに引用した箇所だが、ここでも繰り返しておく。

> さて、もし民主主義国が賃金や仕事を男女五分五分にする政策を本質的に価値ある目標であると判断したとしたら、その実施を妨げるようなものは自然科学にも社会科学にもない。科学の所見が語っているのは、そのような政策を実施した場合には便益と一緒にコストもついてくるということである。結果平等の政策を実施した場合のあきらかな便益は、まだ残っている女性差別がそれによって解消されるかもしれないという見通しである。しかしもし男性と女性が置き換え可能ではないとしたら、コストの方も考慮されなくてはならない。[*43]

繰り返しになるが、ピンカーは仕事に関する選好や能力にたいして男女に生

43・ピンカー『人間の本性を考える（下）』一四六頁

得的なちがいがあると指摘する。しかし、男女に生得的なちがいがあるから、賃金や仕事を男女平等にするべきではない、という主張は決しておこなわない。「ヒュームの法則」に抵触するからである。しかし、ピンカーらは「科学の所見」によって示される「便益」と「コスト」の対比を強調する。賃金や仕事において男女平等を徹底すれば、男女差がなくなるという「便益」にたいして、それ以上の「コスト」がかかる、と。

シンガーのような「ダーウィニアン・レフト」の論理が、「アイデンティティ」や「シティズンシップ」の論理と異なるのはあきらかだろう。ここで問うべきなのは、シンガーらが主張するような科学的知見を得て、社会政策を構想し、実施するものはだれなのか、ということである。さて、ここでカール・シュミットによる「自由主義」と「民主主義」の区別を思い起こそう。「絶対的な人間の平等」という自由主義的な考えは「空虚」であり、それゆえ「政治上の外見的平等のかたわらで、実質的な不平等が貫徹しているような別の領域」、すなわち経済的なるものが政治を支配する。[*44] いっぽうで、民主主義はその特徴である「同質性」によって「国籍を有するものの範囲内では相対的にみて広汎な人間の平等[*45]」をもたらすが、「同質性」を保つために「異質なるものの排除

44・前掲、シュミット「議会主義と現代の大衆民主主義との対立」『現代議会主義の精神史的状況』一四四－一四六頁
45・シュミット『現代議会主義の精神史的状況』一四五頁

あるいは殲滅」が必要となる。[*46]

ここで注目したいのは、シュミットが自由主義は「絶対主義の官僚主義的・専門家的・技術主義的な秘密政治」[*47]に対抗する政治概念だったと述べていることだ。シュミットによれば、「議会主義」や「言論の自由、出版の自由、集会の自由、討論の自由」のもととなった「公開性」という理念は、エリートたちによる「秘密政治」を防ぐためのものだった。

しかし、ワイマール共和国はそのような自由主義を掲げたが、議会はいつの間にか「小人数の委員会」に縮小し、「大資本の利益コンツェルン」に牛耳られてしまう。[*48]それは「絶対主義の官僚主義的・専門家的・技術主義的な秘密政治」への回帰だった。シュミットはこの自由主義の問題を解決するために、民主主義＝独裁を支持したのだった。

「ダーウィニアン・レフト」は「絶対主義の官僚主義的・専門家的・技術主義的な秘密政治」を前提としている。社会政策を立案する官僚＝「統治」するエリートを想定していなければ、「コスト」や「便益」を計算するという発想は出てこないからだ。著述家の吉川浩満もまた、「シンガーの提唱するようなダーウィニアン・レフトがもっとも能力を発揮できるのは、政策立案を行う官

46・シュミット『現代議会主義の精神史的状況』一三九頁
47・シュミット『現代議会主義の精神史的状況』四一頁
48・シュミット『現代議会主義の精神史的状況』六〇－六一頁

僚とかNPOの社会起業家としてなんじゃないか」と指摘している。[*49] 統計データなどの「エビデンス」を活用し、政策立案し、その政策の効果を測定し、評価するという「エビデンスに基づく政策立案」(EBPM: Evidence-based policy making)は、絶対主義時代に誕生した官僚制の最先端のあり方だろう。[*50]「ダーウィニアン・レフト」なるものは官僚制的なエビデンス主義なのである。

「……である」という事実命題を集めても、「……すべし」という価値命題を導くことはできない、というヒュームの法則に抵触することをピンカーは主張していない。しかしここで問うべきは、ピンカーらが「コスト」や「効果」を考慮すべし、と主張するその発想の根本にどんなイデオロギーや哲学があるのか、ということだ。その点においてシンガーや橘玲らが「功利主義」を支持していることは興味深い。「最大多数の最大幸福」を目指す功利主義には、次のような三つの特徴があるといわれる。

① 帰結主義——行為の正しさはその帰結によって評価される
② 幸福主義——行為の正しさを評価する際に
人々の幸福に与える影響こそが重要視される

49・吉川浩満+綿野恵太「ダーウィニアン・レフト再考」『週刊読書人』二〇一九年三月二九日号 https://dokushojin.com/article.html?i=5251
50・内閣府「第一回EBPM推進委員会」(二〇一七年八月一日) https://www.cao.go.jp/minister/1608_k3_yamamoto/photo/2017-020.html

③　総和最大化――一人の個人の幸福を最大化するのではなく、人々の幸福の総和を最大化するように求める[*51]

ということは、功利主義とはひとびとの「幸福」を最大化する規範理論である。

哲学者のジョシュア・グリーンは「トロッコ問題」にたいしてひとびとがどのような反応を示すか、を分析している。[*52]「トロッコ問題」とは二〇一〇年にNHKで放送されたマイケル・サンデルの『ハーバード白熱教室』でひろく知られるようになった思考実験である。

制御不能になったトロッコが五人の作業員にむかって進んでいる。このままトロッコが進めば、五人は轢き殺される。しかし、あなたはいまトロッコの線路を切り替えるスイッチのすぐそばにいる。あなたがスイッチを押せば、トロッコを待避線に引き込むことができる。しかし、線路を切り替えると、五人の命は助かるが、待避線にいる一人の作業員は確実に死ぬ。あなたは転轍機を切り替えるべきかどうか。[*53]

51・児玉聡『功利主義入門――はじめての倫理学』ちくま新書、二〇一二年、五四－五七頁をもとに再構成

52・ジョシュア・グリーン『モラル・トライブズ――共存の道徳哲学へ（上・下）』竹田円訳、岩波書店、二〇一五年

53・グリーン『モラル・トライブズ（上）』一五一頁の記述をもとに構成

功利主義的な考えによれば、五人の命を助けるためには一人の命を犠牲にしても構わない、という考えにいたることになる。グリーンはこのトロッコ問題のバリエーションとして次の例をあげる。

制御不能になったトロッコが、五人の作業員にむかって進んでいる。このままトロッコが進めば、五人は轢き殺される。しかし、あなたはいま線路にかかる歩道橋のうえにいる。そしてあなたの隣には大きなリュックサックを背負った作業員がいる。あなたがこの作業員を歩道橋から線路めがけて突き落とせば、男の体とリュックサックでトロッコを止めることができる。しかし、一人の作業員は確実に死ぬ。あなたは男を突き落とすべきかどうか。[*54]

スイッチを押すか、男を突き落とすか、というちがいによって、ひとびとの反応には大きな差が出る。犠牲になる人数はどちらもひとりであるはずなのに、スイッチを押すことよりも男性を突き落とすことに拒否反応を示す被験者

54・グリーン『モラル・トライブズ（上）』一四八―一四九頁の記述をもとに構成

が多かった。また、被験者の脳を機能的磁気共鳴イメージング（fMRI）という装置でスキャンしたところ、情動的な反応をつかさどる部位が強い反応を示した。ここで思い出して欲しいのは、人間の認知システムを「直観システム」と「推論システム」とに区別する「二重過程理論」だ。歩道橋バージョンに多くのひとびとが抵抗を示すのは、人間を突き落とすという行為に「直観システム」が拒否反応を示してしまうからである。

　ジョナサン・ハイトと同じくジョシュア・グリーンもまた道徳的判断が「直観システム」に基盤を持つことをあきらかにしている。グリーンによれば、「私たちは、直観的に世界を《私たち》と《彼ら》に分け、《彼ら》より《私たち》をひいきする」[*55]という「部族（トライブ tribe）主義」的な傾向を持つ。このような集団レベルでの利己主義は、道徳的な判断にも影響を及ぼしており、「集団は、利己的な理由から、ある道徳的価値観を他の価値観より支持する場合がある」[*56]。グリーンはこの傾向を「バイアスのかかった公正」[*57]と呼んでいる。そして、地球温暖化や国際紛争といった多くの問題が、「道徳的だが、道徳的であることの意味が違う部族間の衝突」[*58]によってなされているという。

　これは先に紹介した、リベラルと保守が異なる道徳的価値観を持つとみなし

55・グリーン『モラル・トライブズ（上）』七二頁
56・グリーン『モラル・トライブズ（上）』八八頁
57・グリーン『モラル・トライブズ（上）』八八頁
58・グリーン『モラル・トライブズ（上）』一二九頁

たハイトの考えに近い。しかし、リベラルは保守に学ぶべきだと主張するハイトにたいして、グリーンは「短期的に歩み寄りは必要かもしれないが、長期的には、私たちは、部族主義的道徳家と妥協する戦略ではなく、部族主義色を和らげるよう彼らを説得する戦略を取るべきだ[59]」と批判し、功利主義を道徳部族（彼らと私たち）の争いを調停する「共通通貨」として用いることを提案している。「功利主義は、すぐれたメタ道徳であり、現実世界の道徳的不一致を解決するすぐれた規範である[60]」と。

しかし、功利主義とはそもそも「統治」のための理論ではなかったか。安藤馨《かおる》が指摘するように、ジェレミー・ベンサムが考案した功利主義は「統治者・立法者がどのような統治・立法を行うべきかについての理論[61]」であり、「たとえば功利主義は、そうした方が結局は幸福の総計の最大化に資すると思うならば、諸個人の自由や自律を侵害するような統治や立法もよしとする[62]」のである。

グリーンは、個人の生活では道徳的直観を信頼し、マニュアルモードを警戒すべきとしながら、道徳的な価値観同士の対立が起きたときは（「私たち」対「彼ら」の問題を考えるときは）、直観的判断＝「オートモード」を一旦ストップし、「功

59・グリーン『モラル・トライブズ（下）』四五六－四五七頁
60・グリーン『モラル・トライブズ（下）』三六九頁
61・安藤馨「功利主義と自由――統治と監視の幸福な関係」北田暁大責任編集『自由への問い4 コミュニケーション――自由な情報空間とは何か』岩波書店、二〇一〇年、七三頁
62・安藤「功利主義と自由」北田編『コミュニケーション』七四頁

利主義」＝「マニュアルモード」に切り替えるよう提案している。[*63] しかし、すでに紹介したように、「直観システム」と「推論システム」はタイミングよく切り替えられるものではなかった。つまり、認知科学の知見は人間が「自律」的な「個人」であると仮定することができないことを示している。

二〇一七年にノーベル経済学賞を受賞した行動経済学者のリチャード・セイラーと、法学者のキャス・サンスティーンは「リバタリアン・パターナリズム」を提案している。セイラーたちは、認知科学の成果をうまく活用し、ひとびとのバイアスを前提に、正しい選択に誘導する「選択的アーキテクチュア」を提案している。その最も代表的な例が、年金の自動加入方式である。[*64] 労働者が年金の加入資格をえると、「加入しないことを選択する」＝「オプト・アウト（拒絶の選択）」する書類を提出しないかぎり、自動加入することになるルールのことだ。[*65] これは「現状維持バイアス」をうまく利用したものだ。「現状維持バイアス」とは「惰性」のしゃれた言い方であり、「人はいくつもの理由から現状維持やデフォルト（選択者がなにもしなかったら選ぶことになる初期設定）の選択肢に従う強い傾向を示す」とされる。[*66] 実際、年金の自動加入方式を実施したところ、加入率は劇的にあがったようだ。

63・グリーン『モラル・トライブズ（下）』四七一頁
64・リチャード・セイラー＋キャス・サンスティーン「第6章 意志力を問わない貯蓄戦略」『実践 行動経済学』遠藤真美訳、日経BP社、二〇〇九年、一七五頁
65・セイラー＋サンスティーン『実践 行動経済学』一七五－一七六頁
66・セイラー＋サンスティーン『実践 行動経済学』二一一頁

セイラーやサンスティーンが唱える「リバタリアン・パターナリズム」が「統治」＋「功利主義」と相性が良いことはあきらかだろう。「選択的アーキテクチュア」は、強制がともなう「苦痛」を最大限に抑えつつ、「最大多数の最大幸福」が実現される選択にひとびとを誘導することができるからだ。

たとえば、企業がスタッフの採用にあたり、純粋な能力だけで採否を判断するために、応募者の性別、年齢、学歴、名前などの情報を隠す「ブラインド採用」というものがある。白人と黒人の応募者の能力が同程度の場合、白人のほうが選ばれやすいというバイアスがあることが知られている。[*67]「ブラインド採用」は、このような潜在意識下での差別を防ぐための「選択的アーキテクチュア」だといえる。

さて、中国経済学者の梶谷懐《かじたにかい》によれば、このような統治功利主義は中国で実現されつつあるようだ。[*68] 中国のアリババ・グループが開発した「芝麻《ジーマ》信用（セサミ・クレジット）」による、個人の信用度を数値化した「信用スコア」は、近年日本で知られるようになった。このようなサービスは、企業や政府がひとびとにたいする監視・管理を強化する「統治テクノロジー」であるが、いっぽう

67・北村英哉＋唐沢穣編『偏見や差別はなぜ起こる？』一〇四－一〇六頁

68・梶谷懐「中国の「監視社会化」を考える」第一回－第五回『ニューズウィーク日本版』二〇一八年一二月五日－二〇一九年二月二七日 https://www.newsweekjapan.jp/stories/world/2019/02/post-11750.php

で、より便利で快適に暮らしたいというひとびとの欲望に応じて登場したサービスでもある。現在の中国においては、「企業や政府がビッグデータに基づいて行う「このように振る舞えばより幸福になりますよ」という提案(ナッジ)やアーキテクチャに対する懐疑」や、そのような技術が「人間の尊厳を奪ってしまうことの制限と監視を行うはずの市民社会の基盤」を欠いたまま、「統治の技術」だけがどんどん進化していくという「暴走」状態にあるのではないか。梶谷はそう指摘している[*69](余談ながら「ナッジNudge」とはセイラー+サンスティーン『実践行動経済学』の原題でもある)。その個人の尊厳が最も剝奪された象徴が中国の新疆《しんきょう》ウイグル自治区の弾圧なのではないか、とも語っている。[*70]「幸福の総計の最大化に資する」ならば、「諸個人の自由や自律を侵害するような統治や立法もよしとする」[*71]という「統治功利主義」の問題はすでに中国で現実化している。

しかし、梶谷が注意をうながしているが、この「統治功利主義」の問題は決して中国における特殊な現象ではない。梶谷は、中国における統治テクノロジーの発達が、「利便性・安全性と個人のプライバシー(人権)とのトレードオフにおいて、前者をより優先させる、功利主義的な姿勢にある」と考えるならば、中国と西洋のあいだに「明確に線を引くことはでき」ないとしている。[*72]梶

69・梶谷「中国の「監視社会化」を考える」「第五回 道具的合理性が暴走するとき」
https://www.newsweekjapan.jp/stories/world/2019/02/post-11750_5.php
70・梶谷「中国の「監視社会化」を考える」「第五回 道具的合理性が暴走するとき」
https://www.newsweekjapan.jp/stories/world/2019/02/post-11750_5.php
71・安藤「功利主義と自由」北田編『コミュニケーション』七四頁
72・梶谷「中国の「監視社会化」を考える」「第一回 市民社会とテクノロジー」
https://www.newsweekjapan.jp/stories/world/2018/12/post-11370.php

谷はEUをモデルとするような、「統治の技術」の「暴走」を食い止める「「アルゴリズムによる人間の支配」を批判する根拠としての市民社会」の重要性を指摘しているが、[*73]しかし、すでに見たようにアイデンティティの「同質性」に依拠した民主主義的な運動と、アイデンティティから「コスト」と「便益」を計算する統治功利主義によって、いまや挟撃されているのがシティズンシップの論理なのである。

統治功利主義は、アイデンティティとシティズンシップの論理のいずれとも異なりながら、それらを飲み込む可能性がある。アイデンティティ・ポリティクスはその集団が被る「不利益」を解決しようとする政治的な運動だった。マジョリティ（差別者）にいかなるコストを負担させたとしても、みずからのアイデンティティ集団が被っている「不利益」を取り除こうとする。しかも、その「不利益」は「足を踏んだ者には、踏まれた者の痛みがわからない」という言葉に象徴されるように、そもそも当事者以外の人間にはその痛み＝不利益を理解できないものだった。

アイデンティティ・ポリティクスによって、さまざまな積極的是正措置が実現された。だが、アイデンティティ・ポリティクスがその「不利益」の解消を

73・梶谷「中国の「監視社会化」を考える」「第四回 アルゴリズム的公共性と市民的公共性」 https://www.newsweekjapan.jp/stories/world/2019/02/4-71.php

訴えて、制度の改革や充実を求めるとき、政策を立案し設計する官僚にとってはその「不利益」は計量可能なものとして扱われることになる。人種や性別のちがいにおいて、どれだけの教育格差があるのか、どれだけの賃金格差があるのか、をまず客観的なデータとして示さなければ、制度設計できない。差別を「便益」と「コスト」という指標からなる、計量・計算可能なものとして扱おうとする統治功利主義は、官僚の役割をより肥大化させるものである。

いっぽうで、シティズンシップの論理は、だれもが「市民」なのだから、当事者であろうがなかろうが、差別を批判することはだれにでも可能である、というものだった。ひいては、各メンバーが、自身の市民としての「尊厳」が守られるという「安心」を得るために、ヘイトスピーチを規制すべきだ、という主張につながっていった。しかし、社会のメンバーの「安心」のためにヘイトスピーチを規制するというロジックには、「市民」の「尊厳」に依拠するかに見えて、「秩序ある社会」の「見かけ」を維持したいという欲望の存在が指摘できるし、そこにはすでに社会全体をコントロールしようとする「統治」の論理が忍び込んでいるのではないか。くわえて、シティズンシップが前提としてきた、「自律」的な「市民」「個人」というモデルが崩れ去ったからこそ、現在、それに代わる「統治」のロジックが優位に立ちつつあるのだ。

進化生物学や認知科学の新たな知見は、これまでの人間像（人間本性論）を覆しつつある。また、人種や性別の生物学的・進化的な特性があらたに注目されつつある。しかし、注意しなければならないのは、生物学的な特性を根拠にしてさまざまな差別が正当化されてきたということである。女性は妊娠し、出産するから、仕事をせずに結婚して家庭に入るべきだ、という言説がその最たる例だろう。女性は共感能力や言語能力が高いために子育てに向いている、とか、子供が三歳になるまでの教育が将来に大きな影響を及ぼす、とかである。非常に逆説的な事態だと思われるのだが、近年の進化生物学や脳科学の発展はいささか古風な、前近代の遺物のような論法をより精緻化させるきっかけを与えたといえる。

しかし、繰り返すが、問題は、差別はいけないという考えが一般化し、マイノリティが被ってきたさまざまな不利益が解消され、マジョリティと同じ「尊厳」を持つ「市民」として扱われるにつれて、生物学的な特性に基づく議論が影響力を拡大してきた、ということである。還元不可能な、特殊で個別的なアイデンティティを取り巻く社会環境とその理解が、アイデンティティ・ポリティクスの成果を積み上げた結果、アイデンティティの生得的なちがいに注目が集まる。あらたな差異化が開始されるのである。

そのいっぽうで、進化心理学などの生物学的な知見をもちいて、人種間や男女間のちがいを強調することで、市民という理念の空虚さを暴露しようとする動きも出てくる。事実と価値を峻別するのが「ヒュームの法則」だったが、しかし、その価値たるべき「市民」という理念は、生得的なアイデンティティ（事実・エビデンス）によって掘り崩されつつある。くわえて、経済格差の拡大によって「市民」の「空虚」さはひとびとにいっそう強く感じられている。本章冒頭から示したように、合理的な差別と「統治」はきわめて相性が良い。いかに「空虚」であれ、「市民」という理念を失ってしまえば、合理的な差別を差別として批判することもできなくなるのである。

ここにきて初めて、「シティズンシップ」の論理による差別批判が「炎上」騒動になってしまう背景を理解することができる（「まえがき　みんなが差別を批判できる時代」参照）。本章で見た、フェミニストの江原由美子の議論は、アイデンティティの論理における「同質性」と「異質性」の対立・葛藤を指摘したといえる。江原は、差別を「「実在」的な差異」に根拠を持たない、「AはAではない」という「トートロジー」をもとにした排除だという。つまり、それは、ある集団（A）が集団内の「同質性」を高めるために、ある特定のひとびと（A）を排除し、殲滅《せんめつ》するというアイデンティティの論理である。ただし、江原によれば、「異質性」（B）は排除のあとに構築される。

ここで注意しなければならないのは、繰り返される差別批判の「炎上」騒動にも、同じような排除の構図が指摘できるということだ。差別批判の論理が、「アイデンティティ」から

「シティズンシップ」にかわったことによって、みんなが自分自身の差別性をかえりみることなく、差別者を批判し、糾弾できるようになった。その結果、差別批判が、週刊誌やワイドショーの格好のネタになったことを指摘した。「まえがき」ではこの炎上騒動をスケープゴートに喩《たと》えた。スケープゴートとは、ある集団が、集団全体の罪を特定のひとびとに背負わせ、排除することで、その集団の「同質性」（「私たちには罪がない、穢《けが》れがない」）を高める儀式である。差別者を犠牲の山羊《スケープゴート》として「炎上」させるのは、差別者という「異質性」を排除することによって、「私たちは差別者ではない、差別を許さない市民である」という「同質性」を相互に再確認し、「市民」としての結束を高めるためではないだろうか。つまり、それは、あまりに抽象的であるため「空虚」としか感じられない「市民」という理念に、アイデンティティの「同質性」をなんとかして与えようとする儀式なのである。しかし、カール・シュミットが指摘するように、自由主義と民主主義は「克服できない対立」なのであった。「市民」という概念・理念は、けっしてアイデンティティのような「同質性」をかたちづくることはできない。そのため、差別者を犠牲の山羊《スケープゴート》として「炎上」させ、排除する「市民」たちの儀式は、「市民」の「空虚」さを埋めようと、なんどもむなしく繰り返されるのである。

第六章
差別は意図的なものか

グローバル資本主義のモラル

「第四章　道徳としての差別」で差別にかかわる認知バイアスを紹介した。そこで問題となったのは、人間には差別的な振る舞いをしてしまう生得的な性質が備わっているということだった。しかし、注意すべきは、それらのバイアスは、狩猟採集社会でひとびとが群れで（部族 tribe として）生活するために獲得されたということだ。たとえば、「内集団びいき」というバイアスは、自分が所属しない集団（外集団）よりも自分が所属する集団（内集団）を優遇する傾向である。当然ながら、ほかの群れをひいきにする個体が増えると、その集団はたちまち崩壊してしまう。「内集団びいき」は群れを維持するためのモラルだった。そして、そのようなモラルが直観レベルにインプットされているわけである。しかし、多種多様な人間が暮らす現代社会で、自分が所属する集団のみを優遇することは、必ずしも良い結果につながるとはかぎらない。自分が所属しない集団に不当なかたちで不利益を与えることは、差別につながる可能性がある。群れを維持するためのモラルであった「内集団びいき」は、現代社会の維持や潤滑な運営と齟齬をきたしてしまう。

フリーライダーへの非難についても、「内集団びいき」と同様の説明ができる。群れを維持するためには互いの協力が必要となる。しかし、共同体の利益にタダ乗りするフリーライダーが増えると、その集団はたちまち崩壊してしまう。だからこそ、群れを維持するために、フリーライダーを見つけ出し、罰しようとする傾向が直観レベルでインプットされている。これがフリーライダーへの非難が発動する機制である。しかし、現代社会においては、この歪んだ直観が、社会福祉の恩恵にあずかる生活弱者や積極的是正措置の対象となるマイノリティへの差別につながる。彼らをフリーライダーと認識し非難する言説には、不当だがしかるべき人間本性に根ざした理由があるというべきかもしれない。私たちは道徳がないから差別をするのではない。私たち人間集団は「利己的な理由から、ある道徳的価値観を他の価値観より支持する場合がある」[*1]という「道徳部族＝モラル・トライブズ」（ジョシュア・グリーン）であるがゆえに、差別につながってしまうような言動をしがちなのだ。グリーンは、異なる道徳的な信念を持つ集団同士の対立を「常識的道徳の悲劇」[*2]と呼んだ。差別もまたその悲劇のひとつに数えられるだろう。

ジョシュア・グリーンによれば、「リベラル」は「道徳部族」の偏狭さを超える「グローバルなメタ部族」[*3]であった（ちなみに、ふたつあるとされる「メタ部族」のもういっぽうは「リバタリアン」である）[*4]。これまで説明したように、ポリティカル・コレクトネスの中心になっているのは、「市民」の「尊厳」を守るために差別を禁止するというシティズンシップの論理である。私たち人間集団は、グリーン

1・グリーン『モラル・トライブズ（上）』八八頁
2・グリーン『モラル・トライブズ（上）』五頁、一九頁
3・グリーン『モラル・トライブズ（下）』四四八頁
4・グリーン『モラル・トライブズ（下）』四五八頁

が指摘した「道徳部族」であり、自分が所属するローカルな集団内の道徳的価値観を他の価値観より支持する傾向があった。その道徳的な信念は、しばしば特定の宗教や民族といった、集団内の共通のアイデンティティに結びついている。たいして、シティズンシップの論理においては、どのようなアイデンティティを持つ者でも自身の「尊厳」が保障される代わりに、あらゆる他者の「尊厳」を尊重する「市民」としての振る舞いが求められるからだ。その意味で、ポリティカル・コレクトネスは、部族（アイデンティティ）の道徳を超え、部族にかかわらず適用される、メタ道徳であるといえるだろう。

しかし、リベラリズムは本当にメタ道徳になりえるのだろうか。「第三章　ハラスメントの論理」で示したように、企業や大学で「ハラスメント」対策として実施されているPCは、それ以外の者からは「ブルジョワ道徳」だと見られているのである。先に述べたように、グリーンは「グローバルなメタ部族」として「リバタリアン」もそのひとつに数えているのだが、「リベラル」と「リバタリアン」のいずれも市場経済に親和的であることが重要である。

ポリティカル・コレクトネスをめぐる鼎談本で哲学者の千葉雅也は、「グローバル資本主義」は「それまでの共同体の狭い規範を崩し、ありとあらゆるものをすべて交換できるようにしていくという趨勢」があり、「ポリコレ」とは「なるべく交換がスムーズにいくようにするということ」であると指摘している。そして、「#MeToo」とは「交換の論理」であり、

「グローバル資本主義の論理」である、と。[*5] たしかに「リベラル」は「道徳部族」のちがいを超える「グローバルなメタ部族」であるかもしれないが、いっぽうでそれは「グローバル資本主義の論理」なのである。

オフィスやキャンパスで性差別や人種差別は「ハラスメント」として禁止されている（あるいは禁止すべきとされるようになってきている）。しかし、ハラスメントの調査や認定、処分は企業や大学当局によっておこなわれる。上司と部下のあいだ、教授と学生のあいだという権力関係にある場で発生した「ハラスメント」であるにもかかわらず、いっぽうの当事者である権力者側（上司や教授）が調査等にあたるとなれば、たほうの当事者（部下や学生）による訴えがもみ消されてしまうことは十分に予想される。二〇一七年末にハリウッドの映画プロデューサーのセクハラ疑惑に端を発した #MeToo は、権力関係の「弱者」みずからが Twitter などのＳＮＳを通じて被害の状況を第三者に訴えることで、加害者を告発し、状況を打開しようとする運動だった。

#MeToo運動をはじめたタラナ・バークは、#MeTooとはひとびとの「共感」を基盤とした運動だと述べている。[*6] しかし、アメリカの心理学者のポール・ブルームは、「共感」は良いおこないをするようにひとびとを駆り立てるが、「ス

5・千葉雅也＋二村ヒトシ＋柴田英里『欲望会議——「超」ポリコレ宣言』角川書店、二〇一八年、二六一頁
6・The 'me too.' https://metoomvmt.org/

ポットライト」のように「特定の個人に焦点を絞る」ために、「どうしても近視眼的で数的感覚を欠いたものと化」してしまい、その結果、「集団に対する自分の行動の影響を適切に見越せず、統計的なデータや費用対効果に無感覚になる」と指摘している。[*7] 注意すべきなのは、#MeToo運動は、さまざまな理由によって泣き寝入りを余儀なくされてきた事案を掘り起こし、法が規定する処罰を逃れてきた性暴力の「加害者」を、「被害者」とそれを支援するひとびとが法に成り代わり糾弾し、社会的な制裁をくわえる運動だったことだ。法を僭称し法の外で「加害者」を罰することでもあったために、#MeToo運動のなかには正当性を欠くケースもあっただろうし、情動に訴えるあまり状況がエスカレートする局面もあったにちがいない。ネットでは多数の非難が殺到する「炎上」状態になり、非難されたひとびとがみずからの行為の問題性を認識していないような釈明をすることで、さらなる「炎上」を招くケースも見られた。

ここで取り上げたいのは、ポリティカル・コレクトネスは法を代行できるのか、という問題である。第三章で説明したように、企業や大学では人種差別や性差別は「ハラスメント」として禁止されている(されつつある)。そして、差別禁止法を支持する論者は、ハラスメントの禁止領域を、オフィスやキャンパス

7・ポール・ブルーム『反共感論——社会はいかに判断を誤るか』高橋洋訳、白揚社、二〇一八年、四二頁

だけでなく、社会全体に広げることを目指している。近年、「市民」たちが性表現や差別表現に非難の声をあげて、しばしばネットが「炎上」状態に陥るようになった。それは、法の代わりに差別者に社会的な制裁を科すことで、あらゆる領域での「ハラスメント」を禁止しようとする運動であればこそ、起こっていることだ。しかし、そのような法的な根拠を欠いた制裁は私刑（リンチ）でしかない。そのため、しばしば正当性なき非難や制裁の行き過ぎが発生してしまう。

こうしたポリティカル・コレクトネスは法の代わりとなることができるのだろうか。近代的な法とポリティカル・コレクトネスでは、規準とされる責任理論が異なるのではないか。つまり、ある行為の責任が行為者にあるかどうか、の捉え方がまったく違うのではないだろうか。たとえ、制裁の行き過ぎを避けるために、罰則の規準と適用を明確化した差別禁止法が整備されたとしても、この責任理論のちがいは解決できないのである。

ハラスメントや性表現の適否が議論される際、しばしば「同意」「コンプライアンス（法令遵守）」の重要性が叫ばれるが、そこには、家族、友人や恋人といったプライベートな関係においても、他者との関係をあたかも「契約関係」とみなす発想がある。他者と契約を結び、その契約から発生する権利を取得し、義務を負うことができる主体が理想とされ、そうした主体にひとびとを育てるべく、学校で教育を施し、卒業後も家庭・職場・メディアに「民度」を高める期待が寄せられる。一九世紀の近代リベラリズムが描いたような、「自律」的な個人というモデルと、規律／訓練（ミシェル・フーコー）によってそのような「市民」を作り出し、「市民」が適切に社会を運営していく、という構想がここでは前提とされている。

しかし、すでに述べたことの繰り返しになるが、法哲学者の大屋雄裕《おおやたけひろ》によれば、近代リベラリズムが理想化したような「自律」的な「個人」というモデルは、二〇世紀にはすでに覆されていた。「現実の我々の多くは個人として想定されていたほど適切な自己決定を行なう能力が高くもなければ、自己決定の帰結を引き受けられるほど強くもなかった」[*8]ことが判明したのである。認知科学や行動経済学の知見も、とうに「自律」的な「個人」というモデルを否定しているように思われる。

しかし、一九世紀的な「自律」的な「個人」概念、ひいてはそのような「市民」によるリベラルな社会という考えは、まず反差別運動によってその失効が宣言されたのではなかっただろうか。なぜなら、反差別運動によって、近代的な「市民」なる存在は少しも「自律」しておらず、無自覚に差別的な言動に加担し、その責任を追及されれば、責任逃れをするような存在であることがあき

8・大屋『自由か、さもなくば幸福か？』一三七頁

らかとなったからである。後述するが、反差別運動においては近代リベラリズムが前提とした、責任のありかを判断する構図が転倒されている。近代リベラリズム社会においては、ある行為の責任が行為者にあるかどうか、という帰責問題は、行為者（の意図や予見可能性）を中心に考えられるが、反差別運動においては行為の結果をもとに考えられるからである。差別主義者と反差別主義者は一見対照的に見えるが、実は両者ともに行為の結果は、結果を引き起こした（と想定される）行為者に「責任」があると判断するのである。そして、このような責任についての考えが、ポリティカル・コレクトネスをめぐる言説が持つ息苦しさやうっとうしさの原因となっているのである。

ポリコレはなぜうっとうしいのか

近代的な法は「自律」的な「個人」を前提にしている。あるひと（行為者）が自由に行為を選択できる状態にあり、また行為者がその行為の原因とみなされる場合、その行為の結果にたいして、法的な責任があるとみなされる。そして、行為者の（行為選択の時点での）状態が、その法的な責任に大きな影響を与える。行為者がどこまで自由に行為を選択したのか、どこまで意図していたのか、どこまで結果を予見できたか。行為者の意図や予見可能性によって責任の重さは大きくかわってくる。裁判とは、行為者のその時点で置かれた状態を勘案して、行為者の責任（の重さ）を判定し、その責任の重さに見合った刑罰を与えることを決定する制度だといえる。たとえば、あるひとを故意に死に追いやった場合は殺人罪（刑法第一九九条、死刑または無期もしくは五年以上の懲役）が適用され、過失によって人を死に至らしめた場合は過失致死罪（刑法第二一〇条、五〇万円以下の罰金）が適用される。

しかし、差別問題においてこのような行為者（の意図）を考慮した「責任」観をとることはできない。たとえば、差別語の概説書には次のように書かれている。

差別語・不快語をめぐる問題のなかで、ほとんどの場合、筆者・話者は「差別するつもりはなかった」「ついうっかり筆（口）が滑ってしまった」といい訳し、悪意がなかったことを強調します。

そこには、問題が2つあります。1つは、筆者・話者の主観的意図が問題にされているのではなく、発した言葉や表現が、いまの時代に、わたしたちの社会で、客観的にはどういう文脈として受けとられるかが問われるということです。「差別してやろう」と悪意をもって差別発言をする人は、ヘイトスピーチ（差別的憎悪煽動）をまき散らしているごく一部のレイシスト（人種差別主義者）を除けば、そんなに多くいません。つまり、筆者・話者の主観的意図とは関係なく、その表現内容において、差別性があると認められれば、21世紀の社会では人権侵害と指摘されるようになったわけです。

2つめは、関係性が問われる問題だということです。差別語・不快語をめぐっては、その言葉を使用する人、向けられる人、受け止める人、使われる場所と状況によって、その意味あいがちがってきます。[*9]

重要なのは、ヘイトスピーチを例外として多くの差別発言が明確な「意図」をともなったものではない、ということだ。差別は「自分が気づかないうちに相手を傷つけてしまっていること」であり、「「普通」「あたりまえ」としていた」ことなのである。[*10]

本書冒頭で紹介した言葉「足を踏んだ者には、踏まれた者の痛みがわからない」をふたたび取り上げてみよう。この表現は、被差別者だけが差別を批判できるという「アイデンティティ」の論理を象徴した言葉だった。ここでは差別は「足を踏む」という行為に喩《たと》えられている。「足を踏む」ことはしばしば不注意や偶然によるものである。たとえば、満員電車でバランスをくずし、他の

9・小林健治『最新 差別語・不快語』にんげん出版、二〇一六年、三一一頁
10・小林『最新 差別語・不快語』三一一頁

乗客の足を踏んでしまったことはないだろうか。この例からもわかるように、差別的な言動の行為者は、必ずしも明確な「意図」を持つわけではないのだ。また、すでに指摘したように、差別につながる「潜在的バイアス」は、「保持者自身すら保持しているという事実に気づ」[*11]かず、「それを保持する人からは隠されて意識の外で機能する」[*12]ことが、認知科学の知見からもあきらかになっている。

差別をめぐって、差別者と被差別者にはいちじるしい非対称性がある。「第五章　合理的な差別と統治功利主義」で紹介したフェミニストの江原由美子が指摘するように、差別者は差別を差別だと認識していない。そのため、被差別者は差別を差別だと認識させるために、あらゆる手立てを尽くさなければならない。この意味で差別批判とは、新しい差別を発見する／発見させる行為である。しかし、いっぽうで差別者からすれば、差別と認定される自身の言動は悪意のない、「普通」「あたりまえ」のことであり、取り立てて問題にする必要のないものでしかない。このように、差別が日常的な慣習と区別されるものではないために、非難された差別者の弁明（「わざとやったのではない」「そんなつもりでいったんじゃない」）は悪質な言い訳や言い逃れに聞こえてしまう。これがさらなる非難

11・バナージ＋グリーンワルド『心の中のブラインド・スポット』二七九頁
12・バナージ＋グリーンワルド『心の中のブラインド・スポット』三一二頁

を呼び起こしてしまうのは、すでに指摘したとおりだ。

ここでは近代的な法（刑罰）が前提とする「責任」の考え方がくずれている。差別においては、行為者の意図や予見可能性を考慮して「責任」の重さを考えることができない。差別者は、たいていの場合、差別を差別だと認識していないからである。これにたいして、反差別運動は被差別者が「足の痛み」を感じるかぎり、行為者に「責任」があるとみなしてきた。「責任」があるかどうかを決定するのは、行為者（とその周囲の状況）ではなく、その行為の影響をうけた人物なのである。このように、反差別運動において、法的な「責任」の考え方、責任の成立機制が転倒されたことで、「自律」的「個人」＝「市民」による無自覚な、意図せざる差別の「責任」を追及することが可能になった。「足の痛み」には、肉体的苦痛だけではなく精神的苦痛、社会的・経済的な不利益もふくまれる。また、行為者のアイデンティティ（日本人、男性、健常者等々）も差別か否かを判断するための重要な要素となる。差別を禁止する法の制定は、ヘイトスピーチなど明確な差別表現には有効かもしれないが、反差別運動が法の根拠やその正当性じたいを問い直す運動だったことを考えれば、差別を禁止する法とは矛盾でしかない。

反差別言説において、「内なる差別」「内なる偏見」「内なる優生思想」といった言葉がしばしば登場する。たとえば、相模原市の知的障害者福祉施設「津久井やまゆり園」で入所者一九人を刺殺し、入所者・職員計二六人に重軽傷を負わせた事件を扱った報道番組は「〝戦後最悪〟の障害者殺傷事件が投げかける「内なる偏見」」と題されていた。[*13] これまで表面化しなかった差別や偏見の存在に社会や個人が気づいたときに、この「内なる」という表現・レトリックがもちいられる。差別は無自覚な行為であり、社会においてしばしば日常的な慣習あるいは偶発的な言動のうちに起こる。たとえ差別を意図せず、その結果を予見できなかったとしても、私たちにはその責任(有責性)がある、とみなすために、「内なる」というレトリックがもちいられる。たとえば、一九七〇年代を中心に活躍し、新左翼が差別問題にコミットすることに大きな影響を与えた津村喬《たかし》は、自身の著作『われらの内なる差別』(一九七〇年)は、「差別の構造化、構造の差別化」が重要だという問題意識から、当初「差別の構造」というタイトルだったが、出版社の意向によって「われらの内なる差別」に変更されたと述べている。そのために「人道主義」という「卑俗なレッテル」を貼られることになったとしている。[*14] いいかえれば、「内なる……」というレトリックによって、差別が政治や経済といった「構造」の問題ではなく、人間性や内面の問題として捉えられたわけである。このような「(自己)責任」観を打ち出すことで、マジョリティ(差

13・NHK「クローズアップ現代+」二〇一七年八月二日
https://www.nhk.or.jp/gendai/kiji/017/
14・絓秀実『「超」言葉狩り宣言』太田出版、一九九四年、三二頁

別者）もまたマイノリティ（被差別者）と連帯して、差別者を批判することが可能になった。しかし、いっぽうで、このような反差別運動を可能にした責任観が大きな問題をもたらしている。

この点にかんして社会学者の北田《きただ》暁大《あきひろ》が興味深い指摘をしている。北田は、近代的な法における責任観を「弱い責任理論」、差別批判における責任観を「強い責任理論」と整理している。北田は「強い責任理論」を「近年日本でも注目を集めている他者性の政治学／差異の政治学／承認の政治学（以後、総称して「ポストモダン政治学」と呼ぶ）といった知的潮流において展開されている他者論・責任論」[*15]とみなしている。ここでいわれる「ポストモダンの政治学」とは、第二章で論じた、内田樹がＰＣ批判の対象としたアイデンティティ・ポリティクスにほかならない。そして、北田は、「強い責任理論」が反公害運動や反差別運動において重要な役割を果たしたことを認めたうえで、「強い責任理論」を社会的規準として採用することに反対している。北田によれば、「とんでもない責任のインフレ」と呼ばれる状態に陥るのだという。少し長くなるが重要な指摘なので引用しよう。

15・北田暁大『責任と正義――リベラリズムの居場所』勁草書房、二〇〇三年、四八頁。北田が「責任のインフレ」について言及したのは、自身のルーマン解釈である「行為の事後成立説」と「ポストモダン政治学」の責任理論を比較検討した箇所であった。のちの著作『社会制作の方法――社会は社会を創る、でもいかにして』（勁草書房、二〇一八年）では、自身のルーマン解釈じたいを撤回している（「第8章　他者論のルーマン」および「あとがき」）。

「何をしたことになっているのか」の定義権を行為解釈者に委ねることによって、水銀をたれ流す企業の行為責任の剔出《てきしゅつ》に成功した「強い」〔責任〕理論は、一方で、指を動かし料理をしただけで「世界の秩序を乱した」ことにされてしまう魔女たちの責任をも承認してしまうのであった。もちろん、こうした魔女たちの災難は、何も宗教的なコスモロジーによって因果関係の知が規定されていた時代特有のものとはいえない。「社会が階級闘争で引き裂かれれば、ユダヤ人が労働者を扇動したと言われ」、「金融危機が起これば、ユダヤ人が金融制度を陰謀でコントロールして危機を引き起こしたと言われ」〔……〕続けてきた現代の「魔女」ユダヤ人のことを想起してもらえばよい。サルトルが『ユダヤ人』で鋭く指摘したように、すべての「悪しき」結果の原因をユダヤ人の行為に見いだす反ユダヤ主義の論理は、原因の除去という「善行」に専心することを鼓舞し、みずからの行為責任への反省を曇らせることとなる。このとき、反ユダヤ主義者たちはあくまで忠実に「強い」〔責任〕理論を己が行動原理として行為していることに注意しよう。魔女狩りを禁じえない責任理論の行き着く先は、無理やりにでも「悪い」出来事の原因を誰かの行為に見つけだし、自らの行為の

16・北田『責任と正義』六三－六四頁

――責任をやすんじて免除する、壮大な無責任の体系とはいえないだろうか。[16]――

つまり、北田は、魔女狩り・ユダヤ人排斥という不当な論理を排除できないという理由から、「強い責任理論」を、「道徳的行為・態度選択の指針を与える規範理論[17]」としては採用できないと退けている。ところで、そのような「強い責任理論」が「道徳的行為・態度選択の指針を与える規範理論」として採用され、「責任のインフレ」が起こり、「壮大な無責任の体系」が広がっているのが現状ではないだろうか。[18]『責任と正義』は二〇〇〇年代初頭の著作だが、北田はマジョリティによるアイデンティティ・ポリティクスの問題を予見していたといえる。引用文の「反ユダヤ主義者」を「トランプを支持した白人男性」に、「ユダヤ人」を「移民」に入れ替えれば、いま私たちがポリティカル・コレクトネスをめぐって直面している状況である。かつてマイノリティのものだったアイデンティティ・ポリティクスの「責任」観は、いまやマジョリティによって簒奪《さんだつ》されている。トランプ大統領は、アメリカにおける白人男性の「足の痛み」は移民という行為が招いたものであり、移民たちに「痛み」の「責任」がある、と主張した。かつて差別者の「責任」の追及を可能にした当事者

17・北田『責任と正義』七四頁
18・同様の現状認識を示した著作として、荒木優太『無責任の新体系――きみはウーティスと言わねばならない』晶文社、二〇一九年

の「足の痛み」は、フェイクや妄想が入り混じった主観的な「足の痛み」にかかわっている。たとえば「逆差別」という言葉が知られるように、いまやマジョリティが「被差別者」のようにみずから振る舞い、マイノリティの「責任」を追及するのである。

たいして、「市民」たる自覚を持つ者たちから見れば、マジョリティによるヘイトスピーチは「安心」を損ない、「秩序ある社会」という「見かけ」を壊すものでしかない。「市民」の「尊厳」が傷つくことは、「不快」という精神的な苦痛と不可分であった。行為者の意図や予見可能性とかかわりなく、また、ヘイトスピーチがあらわれる経済的・社会的背景を考察することもなく、「不快」の責任を排外主義者らに帰責し(彼らの言動に起因するとし)、問いただす。差別主義者も、反差別主義者も、「足の痛み」の責任をたがいに追及しあう。いまや「差別における責任観」=「強い責任理論」が社会的な規準として採用され、「とんでもない責任のインフレ」が起こり、「どこにでも責任があるがゆえにどこにも責任がない、無責任の体系」がひろがっている。[*19]

しかし、人間は意図もせず、結果も予見できない行為の責任をとれるものなのか。主観的になんら悪いことはしていないのに客観的には責任があるという

19・北田『責任と正義』六四頁

考えは、人間は生まれながらに罪を背負うというキリスト教の「原罪」に近いのではないか。先に紹介した鼎談本で、哲学者の千葉雅也がこの点にかんしても興味深い指摘をしている。アダルトビデオ監督の二村ヒトシが「いまインターネット上にあるのは人間の内面ばかり、傷つきからくる怒りばかりだよね。〔……〕しっかりした強さを持っていない者の集団が、社会的な力を持ってしまって何かを攻撃して抑圧しようとしていますよね[20]」と発言したのにたいして、千葉はそのような集団は「ニーチェ」的な「畜群」＝「弱者」だと指摘している。「畜群」は「恨みつらみ、ルサンチマンに基づいて群れることで、結果、強者よりも強くなる[21]」という。『道徳の系譜学』のニーチェによれば、罪は負債であり、道徳には、「負い目」という「負債」を強者に背負わせることで弱者が強者を支配する論理がある。その結果、人間は「自分が有罪であり、罪をつぐなうことができないほどに呪われた存在[22]」となった。

千葉の指摘を敷衍すれば、差別主義者も反差別主義者もみずからを「足の痛み」を抱えた「弱者」だと相手に提示して、「責任」＝「負債」を他者に負わせようとしている、といえる。ポリティカル・コレクトネスが社会を覆う状況にだれもが息苦しさを覚えるのは、「とんでもない責任のインフレ」＝「無限

20・千葉＋二村＋柴田『欲望会議』二三四頁
21・千葉＋二村＋柴田『欲望会議』二三四頁
22・ニーチェ『道徳の系譜学』中山元訳、光文社古典新訳文庫、二〇〇九年、一七四頁

の負債」を感じるためである。そのうっとうしさから逃れようと、すべての「負債」を肩代わりしてくれる犠牲の羊《スケープゴート》を探し出し、「魔女狩り」のように「炎上」させ、「自らの行為の責任をやすんじて免除する」ことが繰り返される。

行為者（の意図や予見可能性）ではなく、行為の結果を中心とする責任理論の転換は、近代リベラリズムにおける無自覚な差別を批判することを可能にした。しかし、いまやそのような責任理論は、マジョリティによるアイデンティティ・ポリティクスに流用され、ポリティカル・コレクトネスをめぐる言説のうっとうしさの原因となっている。

応報主義と帰結主義

ポリティカル・コレクトネスをめぐるうっとうしさや息苦しさから、どうすれば解放されるのだろうか。おそらくふたつの方法がある。ひとつは、「原罪」のような責任がみずからにあることを積極的に認め、「責任のインフレ」＝「無限の負債」に耐えることができる強い主体をつくり出すことである。もうひとつは、一切の「責任」概念を放棄・破棄することを社会的規準として採用することである。

ひとつ目は、近代リベラリズムが理想としたような、「自律」的な「個人」をさらに推し進める方向である。ポリティカル・コレクトネスの遵守を唱えるひとびとの多くはこの発想に立っているように思われる。すでに紹介したが、「同意」や「コンプライアンス（法令遵守）」を強調し、プライベートの場面でも他者との関係を、義務や権利が発生する契約関係とみなす発想である。そして、そのような契約関係をもとに物事を適切に判断し、遂行できる「市民」の育成に期待するのである。このような考えにおいても、差別がしばしば無自覚におこなわれること自体は認められている。だが、いっぽうで、教育や啓蒙、もしくは激しい非難や糾弾（規律／訓練）によって改善可能なものだとも考えられている。

たとえば、「ハラスメント」にかんする啓発活動は、ひとびとがみずからの行動にいっそう意識的になることで、無自覚な差別を減らすことを期待している。もし、万が一、無自覚な差別を指摘されても、「自律」的な「個人」として、みずからの差別の「責任」を引き受けられるような主体が理想とされる。つまり、近代的主体の責任概念、そして責任能力を超えた「責任」さえも積極的に認めることができる、ポリティカル・コレクトネスの息苦しさをものともしない強い主体である。しかし、このような強い主体に人間はそもそもなりえるのだろうか。

すでに紹介したように近年の認知科学の発展は、「自律」的な「個人」というモデルを覆しつつある。ここで心理学者のバナージとグリーンワルドが潜在連合テスト（Implicit

Association Test: IAT）を実施し、反差別運動に協力している人にも潜在意識レベルでの偏見が見られることを確認し、そのような人たちを「差別主義者」ではなく、「居心地の悪い平等主義者」と呼んだことを思い出そう（「第四章　道徳としての差別」参照）。差別が必ずしも意図的なものではないこと（主観的には有無・存否を判定できないこと）を科学的な知見によって裏付けたものだ。教育や糾弾にはもちろん一定の効果はあるだろうが、人間はみずからの行動すべてを意識的に制御できるわけではないことを、認知科学の知見は示している。

もうひとつの方法は、一切の「責任」概念なしで社会制度を構築することである。すでに指摘したように、差別につながるバイアスや潜在意識があきらかになるなか、近代的なリベラリズムが理想とする「自律」的な「個人」は前提とすることができなくなっている。さらに近年、「自律」的な「個人」というモデルの大前提になる「自由意志」の存在にも疑問符をつけるような知見が存在感を持ち始めている。すでに指摘したように、行為者（の意図や予見可能性）を中心とした責任理論が近代的な法の規準となっていた。しかし、一見、自由意志に基づいて選択をしたかに見える行為が、周囲の環境や身体的な特性によってあらかじめ決定（強制）されていたとしたら、どうだろうか。

刑罰理論における応報主義と帰結主義という考え方がここでは参考になる。たとえば、現在の日本では絞首刑による死刑が認められている。死刑とは政府がおこなう場合にだけ認められた合法的な殺人である。政府以外の組織や個人・団体の場合、その執行は認められず、殺人という犯罪とみなされる。つまり、刑罰とは、身体の拘束や財産の剝奪など、本来ならば（通常の市民生活にあっては）犯罪とみなされる行為を、政府が合法的におこなう、というきわめて特殊な制度なのである。この特殊な制度である刑罰を正当化するために、応報主義と帰結主義というふたつの考え方がある。

犯罪者は自由に行為を選択して法を犯した。それゆえ、犯罪者はその行為に見合った罰を受ける。これは当然の報いである。このように刑罰を正当化する議論は、応報主義と呼ばれる。いっぽうで、刑罰は、ほかの犯罪を抑止するなど、さまざまな社会的利益を期待できるとして、その社会的利益をもって刑罰を正当化するような議論は帰結主義と呼ばれる。

先に紹介したジョシュア・グリーンらは、刑罰理論における応報主義を修正し、帰結主義的に正当化すべきだと主張している。グリーンらは、「どんな犯罪者の犯行も、さらには我々すべての行為も、自らのコントロールの外にある諸原因によって決定されている」のだから「決定論的世界において犯罪者に対する応報主義的な態度は的外れであり、我々の適切な態度はむしろ憐れみ（と

23・木島泰三「自由意志と刑罰の未来」『atプラス32』太田出版、二〇一七年、三〇頁

24・近藤智彦「第九章　脳神経科学からの自由意志論――リベットの実験から」、信原幸弘・原塑編著『脳神経倫理学の展望』勁草書房、二〇〇八年、二二九－二五四頁

25・ベンジャミン・リベット『マインド・タイム――脳と意識の時間』下條信輔訳、岩波書店、二〇〇五年、一五九頁

必要に応じた隔離）である」と指摘している。[*23] その根拠としてグリーンらは、ベンジャミン・リベットの実験をはじめとする、自由意志の存在を否定するかのような科学的な知見を紹介している。

リベットの実験とは次のようなものだ。リベットの実験に先立ってコルンフーバートとデーケの実験によって、被験者が自発的に手首の運動をおこなうと、実際の運動よりも約八〇〇ミリ秒（〇・八秒）以上まえに、脳活動の電位変化＝「準備電位」が起きることが判明していた。[*24] これにたいしてリベットは、被験者に手首の運動をおこなわせ、「手の運動を実行しようとする意識的な「意欲」が生じた時点」を報告させる実験をおこなった。すると、準備電位の始動、意識的な意欲が生じた時点の報告、実際に意識的な意欲が生じた時点、実際の手の運動がそれぞれ割り出された（図1）。リベットはこれらの実験の結果から、「自発的な行為に繋がるプロセスは、行為を促す意識を伴った意志が現れるずっと前に脳で無意識に起動」すると結論づけた。[*25] リベットの実験結果は、自由意志の存在を否定する脳神経学の知見として取り上げられ、実験の解釈をめぐっては論争が巻き起こった。

ジョシュア・グリーンらはこのような科学的な知見を援用しながら、罪を犯

−1000~800 ミリ秒（RP I）/
−500 ミリ秒（RP II）　：　準備電位の始動
↓
−200 ミリ秒　：　意識的な意欲が生じた時点の報告（W）
↓　　　　　　＞報告誤差
−150 ミリ秒　：　実際に意識的な意欲が生じた時点
↓
0 ミリ秒　：　実際の手の運動

図１　リベットの実験

出典：信原幸弘＋原塑編著『脳神経倫理学の展望』「第九章 脳神経科学からの自由意志論」図 9-1, p.232

した者に相応の刑罰を与えることをよしとする応報主義ではなく、社会の利益によって刑罰を正当化する帰結主義という考え方を支持している。この考え方によれば「社会に危険を及ぼす人物の拘束や、人々の犯罪を思い止まらせる抑止効果、といった社会への有益性が刑罰の正当化の根拠になる」[*26]。

哲学者の木島泰三は、刑罰を帰結主義的に正当化する議論（とりわけ『自由意志なしで生きる』のダーク・ペレブーム[*27]に典型的な議論）において犯罪者は「危険な伝染病者」[*28]のような扱いをうけるとしている。つまり、犯罪者は社会に危害を与えないように「隔離」され、犯罪に導く要因を取り除くための「治療」がほどこされる。ひとびとの処罰感情に左右されがちな応報主義に比べて、刑罰の苦痛も軽くなり（たとえば死刑は正当化されない）、より優れた社会的な効果をあげることが期待できる。しかし、犯罪に導く要因の「治療」が困難である場合には、社会から半永久的に「隔離」されたり、あらかじめ犯罪に結びつく性質が把握されれば、犯罪が予想される人物を未然に「隔離」するという予防的な措置がとられる危険性がある。

さて、ポリティカル・コレクトネスが、現在の趨勢として、中規模以上の企業や大学などで実施されている「ハラスメント」の禁止領域を社会全体にひろ

26・木島「自由意志と刑罰の未来」二八頁
27・Derk Pereboom, *Living without Free Will*, Cambridge University Press, 2001
28・木島「自由意志と刑罰の未来」三二頁

げようとする運動であることはすでに指摘した。だが、それは、差別を告発された人間（差別者）に、法に成り代わって、企業や大学が社会的な制裁をくわえることにもつながっている。しかし、こうした制裁はどう正当化できるのだろうか。差別者はポリティカル・コレクトネスに違反した行為をおこなったのだから、その行為者（差別者）には相応の責任があり、その責任に見合った罰を受けるのは当然の報いである……。このように刑罰理論の応報主義に類比して正当化することが可能である。しかし、差別問題における責任は、近代的な法が前提とするような行為者（の意図や予見可能性）に基づいた責任とは異なるのだった。ヘイトスピーチといった差別表現は例外として、行為者の（主観的な）意図の有無をもって、その行為が差別であるかどうかを判断することはできない。

差別を禁止する法が制定されるとして、差別への刑罰は応報主義的ではなく、帰結主義的に正当化せざるをえないだろう。おそらく帰結主義的な立場から想定される刑罰の例が示すように、差別への対処は「抑止」「予防」「治療」へと還元されていくのだろう。たとえば、次のような例を考えることができる。

抑止――差別者にたいして、見せしめ的な損害賠償や刑罰を科すこと
予防――「アーキテクチュア」の設計

治療——遺伝子操作、エンハンスメント、医療カウンセリング

帰結主義にあっては行為者の責任を追及することはない。そのため「とんでもない責任のインフレ」からは解放される。しかし、これは別の「統治」を導くことになる。「第五章 合理的な差別と統治功利主義」で見た功利主義の特徴のひとつに帰結主義がふくまれていたことを思い出そう。帰結主義的な刑罰は「統治功利主義」とも相性が良いのだ。ミシェル・フーコーは『安全・領土・人口』で「統治性」という権力概念を考察した。「統治性」とは、羊飼いが羊の群れを管理するようにひとびとを総体としての「人口」として管理する生権《せい》力である。注意すべきは、フーコーはこのような「統治性」に言及する際、コストと便益から刑罰や抑止を考えるその発想を指摘し、天然痘といった伝染病を例に出していることだ。[*29]「統治性」とは国家行政の権力であって、中国で台頭しつつある「統治功利主義」だけが特殊かつ例外的な事例というわけではないのだ。統治功利主義は遍在化しうる。

そして、このような帰結主義的な対処は、反差別運動によって部分的に実現されてきたともいえる。たとえば、二〇〇九－一〇年に在特会が京都朝鮮学校

29・ミシェル・フーコー『安全・領土・人口——ミシェル・フーコー講義集成7 コレージュ・ド・フランス講義 1977-1978年度』高桑和巳訳、筑摩書房、二〇〇七年、七－八頁、一三－一四頁

の前で街宣活動をおこなった事件では、在特会側のメンバー八人に一千万円を超える賠償を命じる判決がくだったが、ヘイトスピーチにたいする「抑止」効果を結果的にもたらした。また、Twitter や Facebook などのＳＮＳで、差別的な発言や性的な表現の投稿の禁止が求められ、一部ではアカウント停止などの措置がとられているが、それはまさに「アーキテクチュア」の設計である。ＤＶや痴漢は依存症であるとしてカウンセリングの必要性が論じられ、再犯率が高い性暴力の犯罪者には薬物的な去勢が検討されているのは、性差別やそれにともなう暴力が「治療」の対象ともなりつつあることを示している。「自律」的な「個人」の確立（あらゆる「責任」を引き受ける強い主体）が目指されるいっぽうで、そのような「市民」像を根底から否定するような効率的な「統治」、いいかえれば、帰結主義的な「抑止」「予防」「治療」が導入されているという矛盾がここにはある。

言語にできる残されたこと

しかし、グリーンらが主張するように自由意志の存在が科学的に否定されるとしても、現に存在している社会は、なぜ自由意志を前提にして構築されているのだろうか。哲学者のダニエル・Ｃ・デネットはグリーンらの主張にたいして、自由意志を認めない被験者は他者への攻撃性が増し、他者にたいする援助行動が減少する、という神経外科的な・仮想的な実験を紹介しながら、自由意志を否定する科学者はその学説が持つ社会的影響を考えるべきだと批判している。[*30] 進化心理学は、道徳的な感情は人間が群れ（集団）を維持するために進化の過程で獲得されたと考える。共同体内部で共有されているルールを破った人間を罰したいという欲求・傾向は生物学的に認められる。そのような懲罰感情は応報主義的とみなすことができるだろう。たとえば、グリーンらの帰結主義的に懲罰を正当化するような議論にたいして、デネットは、応報主義もまた帰結主義的に正当化できるのではないか、と批判している。つまり、あるメンバーが自由に行為を選択し、共同体のルールを破ったのだから、それに見合った罰を受けるべきである、という応報主義的な考え方が、集団内のメンバーでひろく共有されることによって、共同体の秩序の維持に貢献し、結果、集団全体の利益になる、という（帰結主義的な）正当化である。

デネットが指摘するように、自由意志や責任といった概念もまた進化の過程で獲得されたといえるはずである。もちろん、哲学者の戸田山和久《とだやまかずひさ》が指摘するように、「人間的自由は、役に立つフィクションだ、本当はないんだけどわれ

30・ダニエル・C・デネット『思考の技法——直観ポンプと77の思考術』阿部文彦＋木島泰三訳、青土社、二〇一五年、五三二頁

われの社会を成り立たせている共同幻想だ」[31]という立場にかぎりなく近いとしても、である。
ここで興味深いのは、デネットが、道徳（理性じたいにたいする敬意、理性にしたがって行動したいと思う配慮）は、「理由を尋ね、理由を説明するという慣行に子供を従事させる、育ちからくる」[32]と述べていることだ。行為の理由を共同体内で言語で尋ね合うことに、「責任」の発生を見ている。戸田山は次のように解説している。

子どもは、たえずやったことの理由を聞かれる。「どうしてそういうことすんの?」。子ども的には聞かれても困るのである。子どもの観点からは、そうするしかない、というか、そうなっちゃったんだから。そうして次が続く。「あんたのせいよ。あやまんなさい」。こうして、いまのところ自分が制御できない出来事に責任をもつことを教わる。このようなプロセスを経て、子どもは責任とりっこの実践に入る。そうして、責任を与えられることで、子どもは「自分を大きくする」ことを学ぶ。つまり、制御できる領域を広げていく。つまり自由の余地を広げる。これが責任と結びつい

31・戸田山和久『哲学入門』ちくま新書、二〇一四年、三六八－三七〇頁
32・ダニエル・C・デネット『自由は進化する』山形浩生訳、NTT出版、二〇〇五年、三九七頁

――た、「道徳的に重要な自由意志」の始まりだ。[*33]――

自分の行為の理由を言葉で説明することが責任である。「第四章 道徳としての差別」で取り上げたジョナサン・ハイトの実験を思い起こそう。ハイトは、ひとびとがまず「道徳的な判断を、すみやかに、そして情動的に下そうと」し、そして、「すでに決定済みの判断を正当化する理由を、あとから探そうとするもの」であることを示した。[*34] ハイトの実験では、被験者らは「危害をでっちあげた[*35]」り、「犠牲者を創作」しても、みずからの直観的判断を正当化しようとする。

この章では「責任のインフレ」を取り上げ、「不快」という感情と結びついた「責任」の追及には、フェイクや妄想が入り混じることを指摘したが、ハイトはこのことを心理学的に裏付けたといえる。たとえ論理が矛盾し、飛躍したとしても、その前提となる事実を誤認し、捏造したとしても、ひとびとはみずからの直観的な判断に固執しようとする。しかし、ハイトのように、被験者らは「直感的にわかっていることを言葉では説明できないために、口がきけない状態に置かれていた[*36]」と考えるならば、彼らはなにも責任を果たしていないと

33・戸田山『哲学入門』三六七頁
34・ジョナサン・ハイト『社会はなぜ左と右にわかれるのか』八二頁
35・ハイト『社会はなぜ左と右にわかれるのか』五七頁
36・ハイト『社会はなぜ左と右にわかれるのか』五八頁

いえる。デネットの責任の定義は、みずからの行為の理由を言葉で説明することであった。「責任のインフレ」にたいして、あらゆる「責任」を認める強い主体でもなく、また責任なしの社会を構築するのでもないとしたら、言葉による責任を見直してみるのもひとつの手だろう。なにかしら相手の行為を「不快」に感じたとしても、相手の「責任」を追及するまえに一度その「不快」さを言語化してみるべきだろう。そして、相手がなにか「不快」をアピールしているならば、その相手が「不快」をどんな論理で正当化しているか、よく吟味すればよい。そこに論理の飛躍や矛盾はないか。一見、合理的に見えたとしても、それは差別的であるかもしれない。言語によってみずからの行為を説明することは、「責任のインフレ」＝「無限の負債」を逃れるための最初の一歩である。そのためのいくつかの道筋は本書のなかですでに示したはずである。

第七章
天皇制の道徳について

立憲君主制としての天皇制

二〇一九年四月三〇日に明仁《あきひと》が退位し、翌五月一日に徳仁《なるひと》が新天皇に即位した。二〇一六年八月八日に「象徴としてのお務めについての天皇陛下のおことば」[*1]としてビデオメッセージを放送し、退位（譲位）の意向を表明した。その後、特例法（天皇の退位等に関する皇室典範特例法）が制定され、「生前退位」が実現したが、このことについては、「天皇は国事行為のみを行い、国政に関する権能を有しない」という日本国憲法第四条の規定に反するのではないか、という批判がある。しかし、そのような批判以上に、圧倒的な世論が生前退位を承認し、天皇制を支持したように思われる。平成の天皇制を肯定する議論は、二〇一一年（平成二三年）の東日本大震災後により顕著になった。

　地震発生五日後の三月一六日には、ビデオメッセージ「東北地方太平洋沖地震に関する天皇陛下のおことば」が流され、東北各地の被災地や避難所へ天皇・皇后（現上皇・上皇后）の行幸啓《ぎょうこうけい》（天皇・皇后が一緒に外出すること）が繰り返された。天皇・皇后が被災地や避難所を訪問することは、一九九一年（平成三年）の長崎県雲仙《うんぜん》普賢岳《ふげんだけ》の大火砕流の被災地訪問から始まったが、政治学者の原武史《たけし》は、「東日本大震災は、二人一緒のスタイルを貫く天皇と皇后の露出度を、従来に

1・宮内庁「象徴としてのお務めについての天皇陛下のおことば」http://www.kunaicho.go.jp/page/okotoba/detail/12

も増して高めることにな」り、天皇・皇后の被災地訪問がより国民に浸透する契機になったとしている。[*2] たとえば、「NHKが五年ごとに行っている「日本人の意識」調査で、「あなたは天皇に対して、現在、どのような感じをもっていますか」という質問に対する反応が二〇〇八年と一三年では大きく変化して」おり、「「尊敬の念をもっている」と答えた人々が二五%から三四%に増えたのに対して、「特に何とも感じていない」と答えた人々が三九%から二八%に減った」ことを指摘している[*3]（NHK「第一〇回「日本人の意識」調査（二〇一八）」[*4]）。

また、震災後に天皇制への支持が広がったのは、第二次安倍内閣が成立した影響も大きいだろう。二〇〇九年に民主党は政権交代を果たしたが、普天間《ふてんま》基地移設問題や原発事故の対応などをめぐって支持率が低迷、二〇一二年末の衆議院議員選挙で惨敗し、自民党がふたたび政権に返り咲き、第二次安倍内閣が発足した。日本国憲法をアメリカによる「押しつけ」憲法だと否定し、改正に意欲を持つ安倍晋三にたいして、戦争責任をうけとめ、日本国憲法を尊重するような明仁の姿勢は、「リベラル」と呼ばれる知識人から評価されることになった。たとえば、二〇一三年の天皇誕生日での記者会見では、第二次大戦について「前途に様々な夢を持って生きていた多くの人々が、若くして命を失った

2・原武史『平成の終焉――退位と天皇・皇后』岩波新書、二〇一九年、一六九頁

3・原『平成の終焉』一六九頁

4・NHK「第一〇回「日本人の意識」調査（二〇一八）結果の概要」https://www.nhk.or.jp/bunken/research/yoron/pdf/20190107_1.pdf

ことを思うと、本当に痛ましい限り」と述べ、「戦後、連合国軍の占領下にあった日本は、平和と民主主義を、守るべき大切なものとして、日本国憲法を作り、様々な改革を行って、今日の日本を築きました。戦争で荒廃した国土を立て直し、かつ、改善していくために当時の我が国の人々の払った努力に対し、深い感謝の気持ちを抱いています。また、当時の知日派の米国人の協力も忘れてはならないことと思います」[*5]と述べている。生前退位をほのめかした「おことば」も、安倍政権が目指す憲法改正への牽制ではないか、という主張も見られた。平成の天皇制はリベラルとみなされたわけである。

天皇制の支持を表明した評論家の内田樹《たつる》は日本の天皇制が優れている理由を次のように述べている。

前に韓国の人と会ったとき、「日本は天皇制があって羨ましい」と言われました。驚いて、どうしてと訊いたら、こう答えました。韓国は大統領が国家元首であるが、大統領が変わるたびに、前大統領は次の政権によって訴追されたり、自殺に追い込まれたりする。そういうパターンが繰り返されている。それが「権力者は必然的に不道徳にふるまう」という政治不

5・宮内庁「天皇陛下お誕生日に際し（平成二五年）」http://www.kunaicho.go.jp/okotoba/01/kaiken/kaiken-h25e.html

> 信を生み、また国内に怨恨や対立の種を残してもいる。その点、日本は総理大臣がどれほど失政を犯しても、人格的に問題があっても、それとは別の次元に「道徳的なインテグリティ」を担保している天皇という存在がある。だから、仮に政治家たちがどれほど不道徳でも愚鈍でも、日本人は自国の統治機構が救いがないほど腐っていると思わずに済む。そう聴いてなるほどと思いました。立憲君主制にはそれなりの政治的効用があるということを、君主を持たない国の人に教えてもらった。[*6]

内田は立憲君主制をとる国は「日本」と「イギリス」ぐらいだと述べている。しかし、世界には君主制をとる国が、日本をはじめ二八ヵ国存在し（イギリス女王が国家元首を兼ねる、イギリスをのぞく英連邦王国一五ヵ国をふくめると四三ヵ国）、そのなかで立憲君主制を採用する国は、二六ヵ国存在する。[*7] 日本でもしばしば民主主義のモデルとされる、スウェーデンやノルウェーといった国もある。

政治学者の君塚直隆は、象徴天皇制のモデルはイギリス王室にあると指摘する。くわえて、明仁の皇太子時代に東宮《とうぐう》参与（東宮御教育常時参与）を務め、正田《しょうだ》美智子との結婚にも尽力した小泉信三の存在をあげている。一九三三年に小泉

6・内田樹『街場の天皇論』東洋経済新報社、二〇一七年、七〇－七一頁

7・君塚直隆「立憲君主制の国際比較――象徴天皇制のあり方と今後の日英関係」『一般社団法人平和政策研究所』https://ippjapan.org/archives/2740

は慶應義塾塾長に就任し、マルクス主義を批判するリベラリストとして知られていたが、一九四九年に皇太子の教育に責任を持つ東宮参与に就任した。小泉は皇太子明仁とともに福沢諭吉『帝室論』とハロルド・ニコルソン『ジョージ五世伝』(King George the Fifth, his Life and Reign, Constable, 1952) を講読したことを明かしている。

『帝室論』は明治天皇によって「国会開設の詔《みことのり》」が公布された翌年の一八八二年に執筆・刊行された。そこで福沢は「帝室は政治社外のものなり」といい、皇室は政治のそとに置くべきだと主張した。[*8]

> 人或いは我が帝室の政治社外に在るを見て虚器を擁するものなりと疑う者なきを期す可らずと雖も、前にも云える如く、帝室は直接に万機に当たらずして万機を統《す》べ給う者なり。直接に国民の形体に触れずして其の精神を収攬し給うものなり。専制独裁の政体に在りては、君上親《みず》から万機に当りて直に民の形体に接するものなりと雖ども、立憲国会の政府に於いては、其の政府なる者は、唯全国形体の秩序を維持するのみにして、精神の焦点を欠くが故に、帝室に依頼すること必要なり。[*9]

8・福澤諭吉「帝室論」小泉信三『ジョオジ五世伝と帝室論』文藝春秋、一九八九年、一一一頁
9・福澤「帝室論」小泉『ジョオジ五世伝と帝室論』一一七―一一八頁

（われわれの国の帝室〔皇室〕が政治の外にあるのを見て、実権をともなわない名ばかりの存在をいただくものであると疑問をもつ者もいるはずだが、先に述べたように、帝室は直接に政務〔政治上の多くの重要な事柄〕にあたることなく、政務をまとめて支配される者である。直接に国民のありさまに触れることなく、その精神をとらえ、手中におさめられる者である。専制の独裁の政治体制においては、君主みずからが政治に当たって、直接国民のありさまに接するものであるが、立憲国家の政府においては、その政府はただ国全体の秩序を維持するだけで、精神の中心をもたないために、帝室を頼りにする必要がある。〔現代語訳＝引用者〕）

小泉は「帝室は直接に万機《ばんき》に当たらずして万機を統《す》べ給う」という表現に、「王は君臨すれども統治せず」という立憲君主制の原則を読み取っている。[*10] また、『帝室論』は『イギリス憲政論』を執筆したウォルター・バジョット（文中では「バシーオ」[*11]）に言及していることから、福沢はイギリスの王室を天皇制のモデルとしたのだろうと小泉は推測している。

また、ジョージ五世は第一次大戦を経験したイギリス国王であるのはいうま

10・小泉『ジョオジ五世伝と帝室論』一〇四頁
11・小泉『ジョオジ五世伝と帝室論』一四四頁

でもない（在位一九一〇－一九三六年）。小泉はジョージ五世の評伝にかんして次のように述べている[*12]。王は首相の助言なしには政治的な行動をおこなうことはできない。しかし、「王が常に王位にあること、及び党争外に中立すること[*13]」は、首相や内閣に有益な示唆をあたえる。というのも、「党争外に中立すること」は、「党派の利害」とは異なる「国民の永続的利害[*14]」を察する見識を養わせ、「立憲君主は道徳的警告者たる役目を果たすこと[*15]」を可能にするからである、と。天皇制が日本人の「道徳的中心」であるとする内田樹の言説は、小泉信三の焼き直しといえる。

君塚は天皇制を立憲君主制とみなし、世界各国の王室と比較する書籍を編纂している（共編[*16]）。もちろん編纂・出版は、君塚が天皇制を肯定するためだが、同じく編者である政治学者の水島治郎はこのような比較は天皇制と君主制を「共通の視座[*17]」で捉えることを可能にすると指摘する。たとえば、水島は、世界各国の立憲君主を参考にして、明仁が生前退位をほのめかした「おことば」を発表したのではないか、と述べている。

二〇一六年八月の明仁天皇の「おことば」の前には、オランダ（二〇一三年）、

12・小泉「立憲君主制」『ジョオジ五世伝と帝室論』一九頁
13・小泉「立憲君主制」一九頁
14・小泉「立憲君主制」一九頁
15・小泉「立憲君主制」一九頁
16・君塚直隆「序章　現代世界の王室」水島治郎＋君塚直隆編著『現代世界の陛下たち――デモクラシーと王室・皇室』ミネルヴァ書房、二〇一八年、一－二六頁
17・水島治郎「はじめに」『現代世界の陛下たち』ⅲ頁

ベルギー（二〇一三年）、スペイン（二〇一四年）の各国王・女王の相次ぐ退位があった。各国の国王・女王たちは高齢などを理由にテレビで直接国民に退位の意思を語り、国民の強い支持のもと、退位を円滑に進めた。そして即位した新国王たちは現在、心身ともに充実し、エネルギッシュに公務をこなしている。この友人の「陛下たち」の退位をめぐる成功例を、国際情勢に通じた明仁天皇が熟知していたことはほぼ確実だろう。明仁天皇がテレビを通じた国民への「おことば」という意思表明手段を用いた背景には、このヨーロッパの友人たちの先例が念頭にあったのではないか。[*18]

水島の視点は、平成の天皇制の問題が、日本に特殊な現象ではなく、世界共通の現象であることを私たちに教えてくれるように思われる。平成の天皇制を支持する言説には、天皇という個人の徳を評価するものや日本古代からつちかわれた天皇制を称揚するものがあった。たとえば、政治学者の白井聡は、明仁による生前退位にかんする「おことば」に「闘う人間の烈《はげ》しさ」[*19]を感じたという。「天皇が人間として立派なことをやり、考え抜かれた言葉を投げ掛けた」と評価し、「そうした姿に共感と敬意を私は覚え」る、と明仁の人間性を評価

18・水島「はじめに」『現代世界の陛下たち』ii頁
19・白井聡『国体論――菊と星条旗』集英社新書、二〇一八年、三四〇頁

している。[20] また内田樹は「おことば」を「天皇の霊的使命を明文化しようとした画期的な発言」[21]と評価している。古代から「祖霊の祭祀と国民の安寧《あんねい》と幸福を祈願すること」[22]をおこない、「天皇は伝統的に「シャーマン」としての機能を担ってきた」[23]として、天皇制という制度のあり方を重視している。しかし、これから見ていくが、天皇制がリベラル化したのは、明仁の人間性によるのでも、天皇の霊的使命によるのでもなく、「「デモクラシーと君主制の両立」というパラドクス」[24]によって、なのである。

京大天皇事件と皇后美智子

立憲君主制においては、君主が「道徳的中心」という役割を果たすことがその正統性を保証するとされる。では、天皇制の道徳とはいったいどんなものなのか。たとえば、政治学者の小川原《おがわら》正道は、小泉信三の「道徳」は第二次大戦への反省である、と指摘する。小泉は戦争中に戦争を煽るような文章を書き、慶應義塾塾長として多くの学生を戦地に送り出した。小川原は戦後に書かれた「反省」という文章における「道徳的背骨《モラル・バックボーン》」という言葉に注目し、次のように

20・白井聡＋國分功一郎「天皇のお言葉に秘められた「烈しさ」を読む――日本史上の危機に何度か発せられてきた符牒」東洋経済オンライン、二〇一八年八月二日 https://toyokeizai.net/articles/amp/229557
21・内田『街場の天皇論』五頁
22・内田『街場の天皇論』一七頁
23・内田『街場の天皇論』二〇頁
24・水島「はじめに」『現代世界の陛下たち』iii頁

述べている。[*25]「破滅的な戦争に抵抗することで、祖国を救うという「愛」を、実践すべきではなかったか。そのための「道徳的背骨《モラル・バックボーン》」を、果たして自分は有していたか、否か。だからこそ、小泉は、「反省」せざるを得なかった」[*26]。そして、「その「反省」は、昭和天皇への進講、皇太子教育にも少なからぬ影響を与えたであろう」[*27]と。

たしかにサイパンや沖縄などの激戦地を訪れ、戦没者を慰霊する天皇・皇后の行幸啓《ぎょうこうけい》は、そのような「反省」に基づいているかのように見える。これは内田のような視点と共通するものだろう。しかし、ほかの小泉信三の文章を見るかぎり、小泉の道徳と戦争責任を結びつける小川原の指摘は短絡的だといわざるをえない。たとえば、小泉信三には次のような文章がある。ここでは、吉田茂内閣で文部大臣をつとめた天野貞祐《ていゆう》の「国民実践要領」が、福沢諭吉の天皇論と同じだと述べられている。

今天野文相の天皇論の本旨というものをきくに、文相の親しく自ら語るところというによれば、それは左の如きものであった。天皇をあくがれの対象というは、なお幾分崇拝の気味があるのを免れぬから、自分は寧ろ国民

25・小川原正道『小泉信三――天皇の師として、自由主義者として』中公新書、二〇一八年、一一三頁
26・小川原『小泉信三』一一五頁
27・小川原『小泉信三』一一五頁

親愛の対象と申したい。親愛の対象といえば、それは権力的関係ではなく、宗教的関係でなく、実に道徳的関係に外ならぬ。これが自分の言わんと欲するところである云々と。

文部大臣の真意が果たしてここに在るものならば、それは実にその限りにおいて福澤と同じことを言わんとするものではないか。[28]

歴史学者の河西秀哉《かわにしひでや》によれば、「国民実践要領」とは「逆コース」の象徴にほかならないものだった。[29]当時、社会主義国が成立し（中華人民共和国の成立は一九四九年）、朝鮮戦争が勃発していた（一九五〇－五三年、休戦中）。五一年九月にはサンフランシスコ講和条約（アメリカ、イギリスなど四八ヵ国と日本国との平和条約）に署名し、翌年の発効、すなわち日本の独立が目前にせまるなかで、吉田茂内閣は共産主義勢力に対抗するために、ＧＨＱ（連合国軍最高司令官総司令部）に代わる新たな権威として「象徴天皇制の権威を再編成すること」[30]を進めたという。なかでも、天野貞祐は共産党の躍進の理由は愛国心の欠如と考え、日の丸・君が代の復活を計画したほか、「国家の道徳的中心は天皇にある」[31]と発言し、天皇を愛国心教育の中心に据える「国民実践要領」を発表した。吉田内閣のこのような政策

28・小泉信三「福沢諭吉の帝室論」『ジョオジ五世伝と帝室論』一〇〇頁
29・以下の京大天皇事件にかんする箇所は、河西秀哉「第四章 揺れる象徴天皇像」『天皇制と民主主義の昭和史』人文書院、二〇一八年、九七－一二九頁の記述を参考にした。
30・河西『天皇制と民主主義の昭和史』九八頁
31・河西『天皇制と民主主義の昭和史』九九頁

は、戦前の天皇の神格化を想起させ、激しい反発をまねいたという（一九五一年一一月、同月撤回）。このような小泉の発言がある以上、小泉がいう「道徳」を戦争の反省に結びつけることにはやはり慎重でなければならないだろう。後述するが、天皇が果たすべき「道徳」の内実は国民のひろい支持を獲得するために、その時代状況によって変化するのである。

ここで注目すべきなのは、吉田内閣による「逆コース」に関連して、平成の天皇制とはかけ離れた、皇太子時代の明仁のイメージが城山三郎の小説『大義の末』に描かれていることである。平成の天皇制の道徳を証し立てるものとして、「先の大戦」の激戦地を訪れ、慰霊の祈りを捧げる天皇・皇后の姿がしばしばあげられる。しかし、皇太子時代の明仁は、そのような戦争の被害を見ることを忌避した存在として小説に描かれているのである。

城山三郎の小説は、「逆コース」の最中に起こった京大天皇事件を題材にしている。一九五一年一一月一二日に関西巡幸途上の昭和天皇が京都大学を訪問した際、新聞社の車が「君が代」を流し始めたことに刺激され学生が反戦歌「平和を守れ」を歌い、大学に到着した昭和天皇にむかって殺到した。その後、警護のために警官が大学に入ったことで学生が「平和を守れ」をふたたび合唱し、警官と小競り合いが発生したという事件である。その後、新聞や国会などで学生の行動が問題視され、学生八名が無期限停学の処分を受けた。河西によれば、学生たちには「天皇が巡幸にやって来ることは逆コースそのものがやって来る」[*32]と捉えられたという。
くわえて、京大の学生らは原爆の惨状を伝える企画展「綜合原爆展」を同年七月に京都駅前の百貨店で開催し、一〇日間の開催で入場者が約三万人に達する成功をおさめていた。画家の丸木《まるき》位里《いり》・俊《とし》の共同作品『原爆の図』もその企画展で公開されている。学生らは同年一一月の京大文化祭でも「原爆展」を開催しようとしたが、大学当局からの許可をえられなかった。その後、昭和天皇が京大を訪問することが発表され、大学当局が「原爆展」の開催を認めないのは、昭和天皇に配慮しているのではないか、と批判が起こった。[*33]学生らは昭和天皇にたいして「公開質問状」を作成している（執筆はのちの技術史学者の中岡哲郎）。「公開質問状」では、「貴方（昭和天皇）が退位され天皇制が廃止されることを望む」としながらも、「私達の質問に人間として答えていただくことを希望する」として、日本が再軍備される事態に至った際、「憲法に於て武装放棄を宣言した日本の国の天皇」としてこのことを拒否するかどうか、といった質問や、同大学で企画された「原爆展」を見学することを求める要望が書かれている。[*34]
小説家の城山三郎の『大義の末』には京大天皇事件をモデルとした場面がある。主人公の柿見は皇太子にたいして「無心な子供が生地そのままで与えてく

32・河西『天皇制と民主主義の昭和史』一〇二頁
33・河西「敗戦後における学生運動と京大天皇事件――「自治」と「理性」というキーワードから」『京都大学大学文書館研究紀要』二〇〇七年、一七-三六頁
34・小畑哲雄「平和を追い求めた青春――「綜合原爆展」と「京大天皇事件」」『大原社会問題研究所雑誌』六五三号、二〇一三年三月 https://oisr-org.ws.hosei.ac.jp/images/oz/contents/653-01.pdf

れるような結晶した親愛感」[*35]を覚えていたが、東京大学の原爆展に来た皇太子が「こんなつまらぬものは見ない」といったことを友人の森から聞かされる。

学園祭をはさんで市民に公開の予定であった原爆展は、学生たちが願い出ていた部屋の使用を拒否され、予定通りの開催ができなくなった。T大の原爆展で、皇太子は、つまらぬものは見ないと言った。森からそれを聞いて間もない今、K大では天皇行幸のために原爆展そのものが開催できなくなったのだ。皇太子と天皇の父子が原爆展を忌避することですっきり一筋に連らなったことが柿見には悲しかった。あの少年がそんなことを言う筈はない。その父の天皇もまた……。天皇父子にそうした態度をとらせているにちがいない一つの組織が、はじめておぼろに感じられた。それはもはや存在してはならぬもの、幻影すら現われてはならぬ組織ではなかったか。[*36]

平成の天皇制において第二次大戦の激戦地を訪れ、死者に祈りを捧げる天皇・皇后の姿がひろく浸透したが、城山三郎の小説には、そのような戦争の被

35・城山三郎『大義の末』角川文庫、二〇一七年、八三頁
36・城山『大義の末』一〇一頁

害を見ることを避ける人物として描かれている。平成の天皇制のリベラル化にかんしては、京大天皇事件から八年後の正田美智子との結婚がより重要であるように思われる。

原武史は天皇制における皇后の役割に着目している。原は「皇后となる女性は人生の途中で天皇家に嫁いでくる」ため、「天皇にはない葛藤が生じ、もがき苦しむなかで皇后とは何かという、天皇にはない強烈なアイデンティティの意識が芽生える」とし、「血統でアマテラスや神武以来の各天皇とつながっている天皇とは異なり、皇后は努力を重ねて神功《じんぐう》皇后や光明《こうみょう》皇后のような過去の偉大な皇后と一体となろうとする」と指摘している。皇后のモデルとされてきたのが、日本武尊（ヤマトタケル）の子である第一四代仲哀《ちゅうあい》天皇の妃で「三韓征伐《せいばつ》」においてみずから兵を率いて海を渡り、新羅と戦ったとされる神功皇后と、第四五代聖武《しょうむ》天皇の妃で仏教を信仰し、悲田院《ひでんいん》・施薬院《やくいん》を設立し、貧窮者やハンセン病者らの救済をおこなった光明皇后である。そして、平成の象徴天皇制の正統性は、「天皇ではなく、光明皇后をモデルとする皇后によって担われている」[*37]と指摘する。光明皇后と美智子は両者ともに「皇族以外の出身で皇后になった女性」であり、「ハンセン病患者や孤児など社会的弱者に対する姿

37・原武史『皇后考』講談社学術文庫、二〇一七年、六二三頁（単行本は講談社、二〇一五年）
38・原『平成の終焉』一八八頁
39・原『皇后考』六二三頁

勢もよく似てい」る。[38]また、光明皇后が仏教に帰依したことは、美智子にたいするカトリックの影響に相当する。原は平成における象徴天皇制にとって美智子の影響は大きく、「皇后美智子こそは最高のカリスマ的権威をもった〈政治家〉」とさえ述べている。[39]

また、河西秀哉も明仁にたいする美智子の影響を指摘している。河西は一九六〇年代に皇太子時代の明仁と美智子が福祉施設を訪問したときの写真から興味深い指摘をしている。福祉施設を訪れた際、美智子は腰をかがめて、子供や患者と近い距離で話しているが、いっぽう明仁は患者と距離があるまま、ぎこちない様子で立っている。膝をついて被災者に話しかけるという明仁の現在流布されるイメージとはかなり異なっている。河西は「皇太子は最初は人々との接し方に距離感があったものの、こう

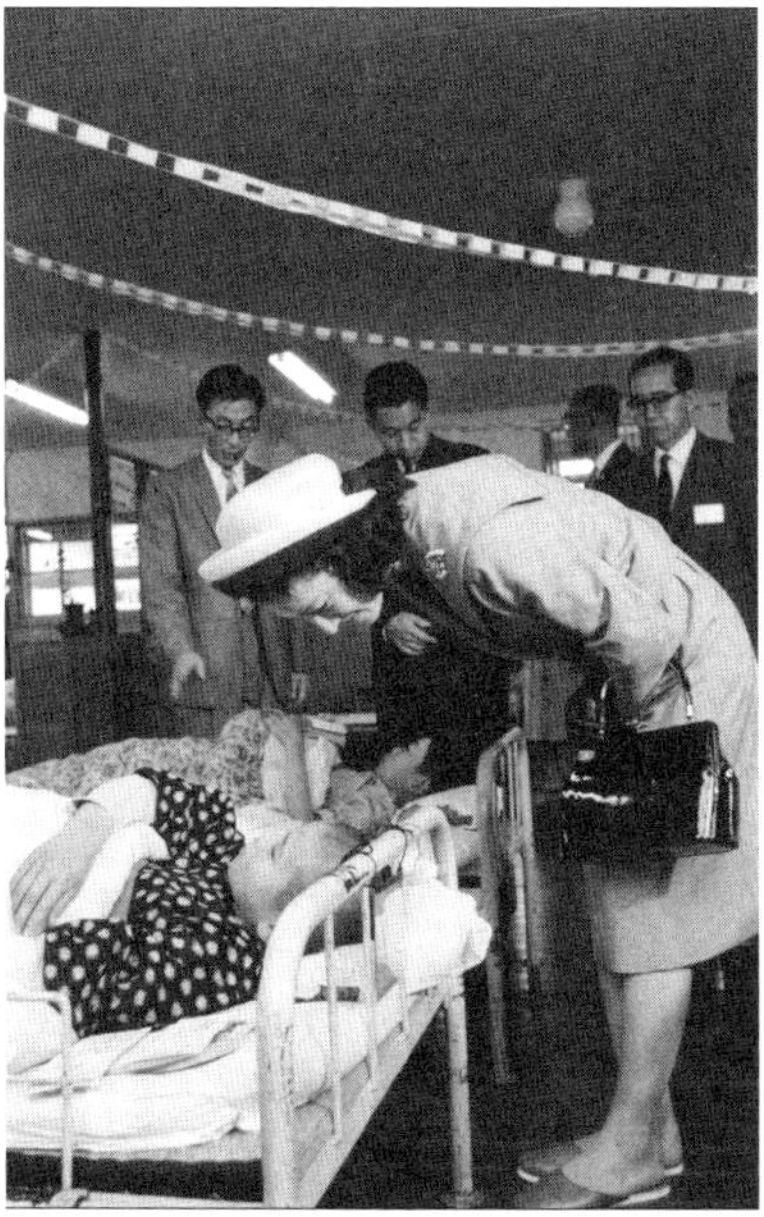

出典：「1962年
南九州旅行の皇太子ご夫妻
宮崎県立整肢学園へ」
提供 朝日新聞社

した美智子妃を間近で見、次第にその意識を変化させていったのではないだろうか」[*40]と推測している。「リベラル」とも形容できそうな平成の天皇制には美智子個人の大きな影響があったことは疑いない。

しかし、生前退位をほのめかした「おことば」以後、天皇制を賛美する言説からは、平成の天皇制に美智子が大きな影響を与えたという認識がなくなっていくのである。たとえば、赤坂真理の小説『箱の中の天皇』には、「おことば」を話し終わった天皇に向かって、主人公のマリが次のように語りかける場面がある。

> 戦争の傷をめぐる世界の旅をすること。傷ついた、傷つけた人々の前で祈ること。弱い人と共に在ること、弱った人、傷ついた人の手を取ること、助け合おうということ。混乱にあって、我を失わずにいようと励ますこと。天皇はそれを言葉で言うことができなかった。憲法で制限された存在だからです。わが国において、憲法を、国家権力を抑制するためにあると本気で信じている人は、少ない。けれど、この天皇はそれを「体現」しようとしたのではないか。日本の軍隊が傷つけた人々の地を慰問もした。

40・河西秀哉「美智子皇后論」吉田裕＋瀬畑源＋河西秀哉編『平成の天皇制とは何か――制度と個人のはざまで』岩波書店、二〇一七年、三八頁言いたいことを、言えない状態で。その孤独な戦いを思います。そのことに、今、感動をおぼえます。[*41]

ここにおける天皇のイメージは、天皇の「象徴行為」とは、第二次大戦の死者に祈りをささげる「鎮魂」と、災害の被災者に慰めの言葉をかける「慰藉《いしゃ》」であるとした内田樹《たつる》と共通するものだ。[*42]

しかし、注意すべきは『箱の中の天皇』の冒頭部分に、「パーキンソン病」という診断を受けたが、おそらく「何かの化学物質か重金属の影響[*43]」で体の自由のきかない女性「道子さん」という女性が登場することだ。いうまでもなく、二〇一八年に亡くなった『苦海浄土《くがいじょうど》』の作者である石牟礼《いしむれ》道子がモデルとなっている。病室のテレビでは天皇の「お気持ち」報道が繰り返し放映されるのだが、道子がテレビに映し出された天皇を指して「わたしの好きだった、あん人[*44]」と述べる。二〇一三年に天皇・皇后が水俣を訪問した際、当初の予定にはなかったが、胎児性水俣病患者と極秘に面会した。その面会を求めたのが石牟礼道子だったことは知られている。

しかし、すでに拙稿で指摘したように、[*45]晩年の石牟礼は天皇制を肯定する姿

41・赤坂真理『箱の中の天皇』河出書房新社、二〇一九年、一三五頁
42・内田『街場の天皇論』一五頁
43・赤坂『箱の中の天皇』七頁
44・赤坂『箱の中の天皇』一七頁
45・綿野恵太「石牟礼道子と憐れみの天皇制」『子午線』Vol.6、書肆子午線、二〇一八年

勢を見せていたが、石牟礼がシンパシーを感じていたのは、明仁ではなく美智子なのである。また、赤坂真理の小説の参考文献には原武史の著作『大正天皇』『昭和天皇』はあげられているが、『皇后考』はない。『箱の中の天皇』は天皇制を題材としながらも、皇后への視点を欠いているために、不十分な作品となっている。これまで取り上げてきた内田樹『街場の天皇論』、小川原正道『小泉信三』も同様に美智子の影響が軽視されている。

原武史や河西秀哉の研究が示すように、平成の天皇制のリベラル化には、美智子の影響を否定できない。しかし、いっぽうで、天皇制が民主主義と共存するにあたって、そのようなリベラル化は避けられなかったように思われる。というのも、日本の天皇だけでなく、世界の立憲君主もまたリベラル化しているからである。

君主制と民主主義のパラドックス

君主制には、王位が血統によって決定される世襲制と、有力者による推薦や選挙によって決定される選挙制がある。現在、立憲君主制を採用している国のほぼすべてが世襲制を採用している。しかし、世襲制は生まれに基づく身分制度である。君主は生まれながらの特権でありながら、生まれによる差別でもある。すでに紹介した水島治郎は、立憲君主制には「個人間の平等を前提とするデモクラシーのもとで、なぜ平等原則に反する制度が認められているのか」という「「デモクラシーと君主制の両立」というパラドクス」[*46]があると指摘する。このようなパラドックスは君主の正統性にもかかわってくる。絶対君主制の時代においては君主の正統性の根拠はしばしば神に求められた。しかし、民主化された現在において、君主は国民の支持を得ることでその正統性を担保しなければならない。水島は次のように指摘している。

君主制が存続した国では、王室が民主主義、自由主義といった近代的諸価値を積極的に受け入れ、時にその擁護者として振る舞うことで、国民の支持調達に成功していったことが見てとれる。「民主化への適応」の可否が、王制の存否を決定づけたと言える。そして二一世紀の現在、ヨーロッパの各国の王室は、進歩的な価値を受け入れつつ、国際平和、福祉、環境、多文化主義などのテーマに取り組み、幅広い支持を得ている。また、現代の王室は、偏狭なナショナリズムから意図的に距離を置き、むしろ普遍的な価値の体現者として振る舞う傾向を強めている。[*47]

46・水島『現代世界の陛下たち』iii頁
47・水島『現代世界の陛下たち』iii―iv頁

「国際平和、福祉、環境、多文化主義などのテーマ」とはまさに本書で扱ってきたポリティカル・コレクトネスと呼ばれるものにほかならない。日本の天皇制だけではなく、世界の君主制もリベラル化しているのである。水島はこのことを「王室の採る「中道左派」路線[*48]」と呼んでいる。だが、このようなリベラル化は一種の「ねじれ」をもたらす、と指摘する。

ここで注意すべきことは、このような現代の王室のありようについて、進歩派は概して肯定的であり、むしろ右派の側に不満が見られることである。かつて各国の左派は王制打倒を掲げ、共和制樹立を目指していたが、ある時点で王制の容認に転じ、現在は王室の進歩的姿勢に「共感」する傾向がある。これに対し右派は、歴史と伝統を重視する立場から、本来は王制の主たる擁護者のはずであるが、王室の進歩的姿勢には苦々しいものを感じている。一種の「ねじれ」が生じているのである。[*49]

「中道左派路線」の採用は国民の幅広い支持を可能にするが、王室の進歩的姿勢にたいして右派が反発し、左派が支持するという奇妙な「ねじれ」をもた

48・水島『現代世界の陛下たち』iv頁
49・水島『現代世界の陛下たち』iv頁

らしてしまう。そして、このような「ねじれ」が最も顕著にあらわれたのが日本である。リベラル化しなければ、天皇制は国民の幅広い支持を得ることができず、正統性を保つことができなかった。リベラル化したのは、天皇・皇后個人の資質が優れていたわけでもなく、「天皇の霊的使命」[*50]によるのでもない。「「デモクラシーと君主制の両立」というパラドクス」に適応した結果である。

だが、「王室の採る「中道左派」路線」にはやはりリベラルとして限界があることも指摘しなければならない。原武史は天皇・皇后（現上皇・上皇后）が訪れた激戦地が「沖縄のほか、硫黄島、サイパン、パラオ、フィリピン」などの「戦争末期に当たる四四年から四五年にかけて米軍と戦い、敗北を重ねた島々が中心」であり、「満州事変や日中戦争で日本軍が軍事行動を起こした場所や都市、太平洋戦争でも日本軍が米軍や英軍に奇襲を仕掛けた場所は訪れて」おらず、「加害としての戦争の側面を見えにくくしているのは否定でき」[*51]ない、と述べている。くわえて、原は、天皇・皇后（現上皇・上皇后）は、二〇〇八年の群馬県大泉町での日系ブラジル人との懇談や、二〇一八年の静岡県浜松市外国人学習支援センターの視察をのぞいて、「外国人が集まる国内の施設や学校」を訪れたことがないことも指摘している。[*52]つまり、明仁・美智子は、特別永住

50・内田『街場の天皇論』五頁
51・原『平成の終焉』一五五－一五六頁
52・原『平成の終焉』六一頁

資格を持つ在日朝鮮人や中国人の施設や学校を一度も訪れたことがないのである。平成の天皇制のリベラル化を支持するような言説が増えたが、そのリベラルな姿勢はあくまでも日本人の眼から見て好ましいものにすぎないのである。

水島の指摘では、占領下の日本国憲法を立脚点として戦後日本がデモクラシーを採用した以上、天皇制としてもみずからの存続を意図し、リベラル化したように思われる。だが、むしろ、天皇制が存在することで、デモクラシーが成り立っているとしたら、どうだろうか。政治学者の宇野重規《しげき》も同じく「「デモクラシーと君主制の両立」というパラドックス」を指摘している。「世襲の君主制は生まれに基づく人間の区別（差別）」を前提とするのにたいして、「デモクラシー」は「人間の平等性に最も重要な基盤をも」ち、「人間の差別に対する否定の運動であった」。そのために「君主制とデモクラシーの間には、原理的なレベルにおいて大きな緊張が秘められている」[53]。しかし、宇野はこのようなパラドックスを指摘するだけではなく、議論を一歩進めて次のように述べている。「デモクラシーの社会は、どこか自己完結できない部分があるのではないか。現代においてなお存続する君主制は、むしろデモクラシー社会に内在するある種の欠如を補っているの〔で〕はないか[54]」と。

53・宇野重規「第7章　デモクラシーと君主制」水島＋君塚編『現代世界の陛下たち』二五三頁
54・宇野「デモクラシーと君主制」『現代世界の陛下たち』二七二頁

フランスは革命で王制を倒し、一七九二年に共和制が樹立された。しかし、その後、ロベスピエールによる恐怖政治、ナポレオンによる独裁と帝政、ナポレオン失脚後にはブルボン王朝が復活するなど政治体制が二転三転した。いっぽうで、イギリスでは立憲君主制が成立していた。君主制を擁護する議論としてはウォルター・バジョットの『イギリス憲政論』が知られているが、それに先行して立憲君主制の理論化がフランスでおこなわれた。宇野は「立憲君主制とは、一度は共和政体を経験したフランスにおいて、あらためてその意味が再確認されたものであった[*55]」としている。

トクヴィルやシエイエス、コンスタンといった思想家が「君主制」に注目していることを紹介したのち、宇野は次のように述べている。

> 革命後のフランスの理論家が示しているのは、危機を乗り越えるためには権力の集中や絶対化が求められるが、そのように一元化された中央権力は、それ自体が新たな不安定化の要因となるということであった。多くの政治的野心家が集権化された国家権力を目指すことになり、政治はつねに争奪戦の様相を呈する。一つの権力者が倒れても、また新たな挑戦者が現

55・宇野「デモクラシーと君主制」『現代世界の陛下たち』二六六頁

れ、安定化の契機はなかなか見られない。権力の頂点に敢えて世襲の君主を置き、権力獲得競争から超越させるという構想はそこから出て来た。

かといって、ただ権力を分割し、分立させるだけでは、抑制と均衡をよく果たすには不十分である。むしろ諸権力による対立や、足の引っ張り合いが続く可能性さえある。そうだとすれば、対抗し合う諸権力の上に立って、中立的に調整の役割を担う存在が必要ではないか。そのような問題意識は、革命直後の「第三権力」論から、コンスタンによる「中立権力」・「調整権力」論に至るまで、数多くの議論が見られる。その際にしばしば君主制が注目されたのであり、現代においてもなお、国王が単に象徴的存在として君臨するのみならず、現実に諸政治勢力間の調整を行っている実例がある。[*56]

ここでカール・シュミットの「自由主義」と「民主主義」の区別をもちいて整理してみよう。革命後の権力の絶対化は、危機に対応するための「独裁」である。いうまでもなく、これは民主主義的だ。しかし、権力の絶対化は、その集約された権力をめぐる争いを引き起こし、政治を不安定にしてしまう。いっ

56・宇野「デモクラシーと君主制」『現代世界の陛下たち』二七二－二七三頁

ぽうで権力を分立させ、均衡させるという発想は自由主義的である。しかし、複数の権力を均衡させることは、諸権力による対立を引き起こし、政治を停滞させてしまう。このような民主主義と自由主義がともに持つ欠点、ひいては自由主義と民主主義の対立そのものを「調整」し「超越」する存在として、君主制は位置づけられるというわけだ。

宇野はデモクラシーに反する君主制がデモクラシーの安定に寄与するという「逆説」があるという。

人間の基本的平等性に基礎を置き、人権と人民主権という理念や政治原理に支えられるデモクラシーの社会は、それ自体としてはどこか不安定さを免れないであろう。多くの社会は、不安定さを補う要素をどこからか導入しているが、その要素は必ずしも民主的なものとは限らない。本書で検討してきた君主制もまたその一つである。君主制はデモクラシーの原理と激しい緊張をはらみつつ、しかしなお、デモクラシーの安定に寄与し得るのである。このことは一つの逆説であるが、政治的に重要な逆説であろう。[*57]

57・宇野「デモクラシーと君主制」『現代世界の陛下たち』二七三頁

「第一章　ポリティカル・コレクトネスの由来」で示したように、自由主義と民主主義が両立するように見えたのは、適度な経済成長があったからだった。このことを本書ではシュトレークの「資本主義と民主主義のできちゃった結婚」という言葉を敷衍して、自由主義と民主主義の「結婚」と呼んできた。しかし、経済成長が見込めないいま、自由主義と民主主義の結婚は破綻しつつある。世界的な君主のリベラル化は、君主制を延命させるための窮余の一策であるだけではなく、自由主義と民主主義の対立を「超越」し「調整」するものとして機能している。

日本の場合、天皇の「象徴」という地位とは、まさに政治的対立を「超越」する存在であることを示している。たとえば、昭和天皇の戦争責任の問題がある。知られるように、GHQの対日占領政策によって、昭和天皇は東京裁判で訴追されることなく、戦争責任を問われることもなかった。しかし、その後、天皇制廃絶を目指す左翼だけではなく、天皇制の護持を目指す保守派からも天皇の戦争責任を問う声がたびたびあがった。彼ら保守派は、昭和天皇が戦争の（法的ではなく）道義的な責任をとって退位し、国民にたいして道徳的な範を示すことで、天皇制の強化を目指そうとしたのである。しかし、その理由・要因はともかく、昭和天皇が一貫して戦争責任を回避し続けたことが、あらゆる政治にたいして責任を持たぬままに「超越」する、「象徴」という存在を確立したといえる。責任を回避する同様の態度は、明仁にも見ることができる。生前退位（譲位）をほのめかした「おことば」は、天皇が「政治に関する権能を有しない」ことをみずから認めつつ、実質的には国民に譲位の実現を求めたものだった。「おことば」が報じられる際にもちいられる「ほのめかす」や「にじませる」という表現は、「第五章 合理的な差別と統治功利主義」で見た黙説法や言い落としといった責任を回避するためのレトリック・話法であり、「おことば」がそうしたレトリックから成り立っていることを示している。

ところで、宇野は「立憲君主制とは、一度は共和政体を経験したフランスにおいて、あらためてその意味が再確認されたものであった」[*58]と述べていた。しかし、フランス革命に希望を見出し、その後立憲君主制の重要性にあらためて気づく、という同様の展開をたどった議論として、ドイツの哲学者ゲオルク・W・F・ヘーゲルの哲学をあげることができる。

ヘーゲルは、フランス革命を「世界史的事件」[*59]とみなしつつも、ロベスピエールによる恐怖政治を否定し、プロイセンの立憲君主制を評価した。『法の哲学』ではプロイセンの立憲君主制をモデルとした国家が分析されている。ヘー

58・宇野「デモクラシーと君主制」『現代世界の陛下たち』二六六頁
59・ヘーゲル『歴史哲学講義（下）』長谷川宏訳、岩波文庫、一九九四年、三六七頁

ゲルは、世襲や血統といった「自然的継承」[60]によって、君主は「特殊性や特殊的な恣意や目的や見方の圏域」[61]に引き降ろされることがない、と述べている。宇野が指摘したように、権力争いからは「超越」した存在である。

しかし、ヘーゲルにおいて君主は「調整」ではなく、「決断」をおこなう。その「決断」は「君主はただ「然り」と言って、画竜点睛《がりょうてんせい》の最後のピリオッドを打ちさえすればいい」[62]とされる。「憲法がしっかりしていれば、君主にはしばしば署名するほかにはなすべきことはない」[63]のであって、たとえ君主が「無教養」であっても、「国家の頂点に位するのに値しな」くてもかまわないのである。[64]

署名するだけの君主とはまさに天皇にほかならない。天皇による、内閣総理大臣や最高裁判所長官の任命や法律の公布といった国事行為は、憲法第三条で「内閣の助言と承認を必要とし、内閣が、その責任を負ふ」と規定されている。ただ、天皇は「然り」といって政府の決定を認証するだけの存在なのだ。たとえば、法制史学者の堅田剛《かただたけし》も、「御名《ぎょめい》・御璽《ぎょじ》」（法律の公布などで記される天皇の名前と公印）が「ピリオド」であり、「ヘーゲルの《点》（＝ピリオド）問題は、こうして現代日本の憲法にまで飛び火することになる」と指摘している。[65]

60・ヘーゲル『法の哲学II』藤野渉＋赤沢正敏訳、中公クラシックス、二〇〇一年、三二五頁
61・ヘーゲル『法の哲学II』三二四頁
62・ヘーゲル『法の哲学II』三二二頁
63・ヘーゲル『法の哲学II』三一八頁
64・ヘーゲル『法の哲学II』三二二頁
65・堅田剛『法の哲学――ヘーゲルとその時代』御茶の水書房、二〇一七年、一六九頁

リベラル・デモクラシーの象徴

さて君塚直隆は、象徴天皇制がイギリス王室をモデルにしたことの根拠として、小泉信三のほかに、大正・昭和期を代表する英米法学者・高柳賢三の見解をあげている。鳩山一郎内閣で憲法調査会会長を務めた高柳は（一九五六年の設置以来、歴代内閣で会長に就任、六五年まで）、「〝民主的天皇〟を具体的に条文化するについても、イギリス国王の地位と権能を頭に置いていたことは当然のことといえるであろう」[*66]と指摘し、「象徴」は元首か否か、という議論が起きてしまうのは、「〝英文をドイツ文法で解釈する〟ための誤った解釈」[*67]であると述べている。

日本国憲法はGHQが作成した草案を翻訳し、帝国議会の審議にかけられて成立した。翻訳の修正にあたっては、三〇時間に及ぶ徹夜の交渉がおこなわれたという。憲法史学者の古関彰一によれば、その作業にあたって日本側は「GHQの憲法理念――マッカーサー三原則（天皇、戦争放棄、封建条項の廃止）――については、いたずらにGHQと争うことは避け、きわめて法技術的な面でぎりぎりの、保守体制に有利な、あるいは日本の法伝統に整合するような抵抗を試みた」[*68]という。その抵抗のひとつとして people の翻訳を指摘している。「GHQ

66・高柳賢三『天皇・憲法第九条』有紀書房、一九六三年、二五頁、君塚、前掲書より孫引き

67・高柳『天皇・憲法第九条』三一頁、君塚、前掲書より孫引き

68・古関彰一『日本国憲法の誕生 増補改訂版』岩波現代文庫、二〇一七年、二一七頁

案でJapanese peopleとあり、外務省仮訳で「日本人民」とあった部分をすべて「日本国民」とし、のちに「国民」を法律（国籍法）で規定する道をひらく努力をしてきたこと」[*69]をあげている。実際、一九五〇年に国籍法が制定されたことで、在日朝鮮人や中国人は日本国民から除外され、さまざまな権利が剝奪されている。

人民と国民の翻訳のちがいとはどういうことか。たとえば、日本国憲法の前文には次のような文言がある。

国政は、国民の厳粛な信託によるものであって、その権威は国民に由来し、その権力は国民の代表者がこれを行使し、その福利は国民がこれを享受する。

Government is a sacred trust of the people, the authority for which is derived from the people, the powers of which are exercised by the representatives of the people, and the benefits of which are enjoyed by the people.[*70]

69・古関『日本国憲法の誕生』二一七-二一八頁

70・"The Constitution of Japan"（首相官邸）http://japan.kantei.go.jp/constitution_and_government_of_japan/constitution_e.html

この引用は「人民の人民による人民のための政治（government of the people, by the people, for the people）」に由来している。[*71] 人民が「信託」を通じて政府と契約するというのはジョン・ロックの社会契約論であり、たしかに君塚が指摘するように、日本国憲法には英米法の影響が見られる。

しかし、注意すべきは、引用した条文と英訳を比べてみればわかるように、people＝人民と訳されるべきところに、nation＝国民という言葉を当てているということだ。日本でもよく知られているリンカーンの言葉が示すように、people は「人民」と訳されるべきである。互盛央《たがいもりお》が述べるように、「民主主義を前提にするかぎり、人民が「人民」のままでいられるのは社会契約を結ぶところまでであり、ひとたび社会契約が結ばれれば、人民は否応なく「国民」になる」というべきであり、先の引用部分は「社会契約に基づく民主主義の形成を記述したもの」といえる。[*72]

互盛央は、一九四六年三月六日に憲法改正草案要綱の発表とともに出された天皇の勅語と、そこに示される「people＝人民」と「naiton＝国民」の違いに注目している。少し長くなるが、重要な箇所なので引用しよう（勅語とその英文の現代語訳）。

71・篠田英朗『ほんとうの憲法』ちくま新書、二〇一七年、二五頁
72・互盛央『日本国民であるために——民主主義を考える四つの問い』新潮選書、二〇一六年、八八頁

朕曩《さき》にポツダム宣言を受諾せるに伴い日本国政治の最終の形態は日本国民〔Japanese people〕の自由に表明したる意志に依り決定せらるべきものなるに顧み日本国民〔our nation〕が正義の自覚に依りて平和の生活を享有し文化の向上を希求し進んで戦争を放棄して誼《よしみ》を万邦に修むるの決意なるを念《おも》い乃《すなわ》ち国民の総意を基調とし人格の基本的権利を尊重するの主義に則り憲法に根本的の改正を加え以て国家再建の礎を定めんことを庶幾《こいねが》う　政府当局其れ克《よ》く朕の意を体し必ず此の目的を達成せんことを期せよ

（私たちがポツダム宣言を受諾した結果として、日本政府の最終的な形は自由に表明された日本の人民〔Japanese people／引用者〕の意志によって決定されるべきものである。私たちの国民〔our nation／引用者〕の正義に対する強い意識、平和な生活を生き、文化的啓蒙を推進したいという切望、戦争を放棄し、世界のすべての国との友好関係を促進しようという堅い決意を、私は完全に分かっている。したがって、私たちの帝国憲法が人民の一般意志と基本的人権の尊重という原理に基づいて徹底的に改訂されることが私の望みである。このようにして、私の政府の有能な機関が、私の希望に沿って、この目的の達成に向けて最善の努力を尽くすよう、私は命じる。[*73]）

引用した文章に二回出てくる「日本国民」は、英文では最初が"Japanese people"であるのにたいして、二回目のものが"our nation"となっている。このことについて、互は「前者は「日本政府の最終的な形」を「決定」する日本国憲法の根拠としての「意志」の主体を指すので「人民」であるのに対して、後者は戦争放棄を「決意」する主体、すなわち日本国憲法が制定されたあとの主体を指すので「国民」の語が使われている、ということだろう」と推測している。[*74]

ルソーの社会契約論由来の「一般意志（the general will）」という言葉が使われているように、ここでは社会契約が念頭に置かれているのである。これについて、互は、もし「この〔勅語の〕文言をそのまま受けとめるなら」という条件を付して、「戦後の日本は「理念」としての社会契約に基づく民主主義国家であり、日本国憲法が制定されたあとで事後的に振り返れば、その憲法は「人民の一般意志」によって制定されたことが見出されることになる。つまり、「人民」の一般意志は個人としての「国民」に先行していたことが事後的に見出される」と述べている。しかし、このように日本国憲法を「人民」の一般意志を根拠として説明しようとすると、「日本の人民」は「マッカーサーを倒して主権

73・互『日本国民であるために』二一三－二一四頁
74・互『日本国民であるために』二一四頁

を奪還する革命を起こした」と考えなければならないが、「言うまでもなく、そのような事実は存在しな」かった[*75]、と互は述べている。

そのような「革命」は存在することなく、日本国憲法は明治憲法の改正手続きによって公布された。そのために「「欽定《きんてい》憲法」（君主主権に基づいて君主がみずからの意志で制定した憲法）から「民定憲法」（国民主権に基づいて国民を最終的権威とする憲法）への移行を、欽定憲法の改正手続きによって行う」[*76]という矛盾が存在することになったのである。

ここで当時の歴史的背景を説明しておこう。GHQは対日占領政策において日本の天皇制を解体せず維持することを選択した。一九四六年一月、マッカーサーと幣原喜重郎《しではらきじゅうろう》首相との会談で、昭和天皇の戦争責任の追及を回避するために、GHQはすべての戦力を保持しないとした憲法九条の戦争放棄にかんする条項を「バーター」として提示した。そして、アメリカが日本の占領政策で主導権を握るため、アメリカにくわえイギリス、ソ連、中国など一一ヵ国で形成される極東委員会が始動するまえに、新憲法草案の作成が急ピッチで進められた。GHQの憲法草案を日本側がたった三〇時間で翻訳したのは、このような歴史的背景があったからである。その後、GHQの草案をもとにした新憲法案

75・互『日本国民であるために』二一五－二一六頁
76・互『日本国民であるために』二一六－二一七頁

(憲法改正草案)が四月に発表され、結果昭和天皇の戦争責任は追及されることなく、天皇制は維持された。

peopleが「人民」と訳されず、一貫して「国民」として(意図的にか)誤訳されたことは、民主主義を定めた憲法が、まったく民主主義的ではない手段で決定されたという矛盾によるものではないだろうか。古関は上述のように「保守体制に有利な、あるいは日本の法伝統に整合するような抵抗を試みた」一例として、people＝国民の誤訳をあげていた。しかし、その誤訳は天皇制(君主制)とデモクラシーを整合するための抵抗だったのではないか。

たとえば、象徴天皇制を規定した日本国憲法第一条は次のようなものである。

第一条

天皇は、日本国の象徴であり日本国民統合の象徴であつて、この地位は、主権の存する日本国民の総意に基く。

英訳

The Emperor shall be the symbol of the State and of the Unity of the People, deriving his position from the will of the people with whom resides sovereign power.

GHQ草案

The Emperor shall be the symbol of the State and of the Unity of the People, deriving his position from the sovereign will of the People, and from no other source.[*77]

英文を見ればわかるように、象徴天皇の地位は「人民の意志＝the will of the people」によって定められるはずである。しかし、「万世一系」の天皇制が、旧植民地から渡ってきた朝鮮人・中国人といった在日外国人をふくむ「日本人民」の「象徴」であるというのはあきらかな矛盾だろう。憲法一条から八条までの象徴天皇制にかんする規定は「people＝国民」という誤訳（いいかえれば「改釈」）を前提にしなければ、成り立たないのである。

くわえて説明すると、天皇の地位は「人民の意志＝the will of the people」によって規定される。しかし、日本国憲法は明治憲法の改正手続きにしたがい、天皇による公布によって成立したため、「日本国憲法の根拠としての「意志」の主体」＝「人民」による「革命」は存在しようもなかった。日本国憲法の条文に「人民」が欠けていることはpeople＝「人民」による「革命」が存

77・“Constitution of Japan”国立国会図書館 https://www.ndl.go.jp/constitution/shiryo/03/076a_e/076a_e005r.html

在しなかった事実を文字どおりに示している。天皇制の伝統と民主主義的な憲法条文を「整合」するためには、peopleを「国民」と誤訳する必要があったのである。先に紹介した「「デモクラシーと君主制の両立」というパラドクス」は、日本国憲法の条文における「人民」の奇妙な不在に象徴されている。

ただし、本書がこれまで述べてきた「自由主義」と「民主主義」の対立という観点から、people＝国民という誤訳に新しい解釈を付け加えることができる。「戦後民主主義」とはまさに、「自由主義」と「民主主義」の「結婚」が高い経済成長によって可能であるかのように見えた時期限定の産物だった。しかし、いまや経済成長を望むことはできず、その「結婚」は破綻を迎えつつある。この意味で戦後民主主義の基礎となった日本国憲法に「people＝国民」という誤訳が用いられているのは、象徴的だろう。

本書で繰り返し参照してきたカール・シュミットの定義にしたがえば、「nation＝国民」は民主主義的である。nationという言葉が「民族」とも訳されるほか、nation＝国民は共通の文化や言語を持つひとびとの集合体を示すのであって、そこにはシュミットが民主主義の特徴としてあげた「同質性」が認められる。民主主義は「国籍を有するものの範囲内では相対的にみて広汎な人間の平等」を実現する、と述べられていたことを思い起こそう。いっぽうで、people＝人民とは、「同質性」を持たない、国籍とはかかわりないひとびと（日本国籍の有無を問わないひとびと）の集合体を指す。そのような「多様」な「個人」の集まりは、自由主義的だということができる。日本憲法における「people＝国民」という翻訳は、「people＝人民」と「nation＝国民」を結びつけることで自由主義と民主主義の「結婚」を示すいっぽうで、それがまさに「誤訳」を介してしか成立しない点に、そのような「結婚」が無理を通したものであり、遠からず破綻を迎えることを予測させる。

ここでヘーゲルが、「ピリオド」を打つにすぎない君主は「憲法がしっかりしていれば」成立すると述べていたことを思い起こそう。プロイセンが統一を果たしたドイツについて、『歴史哲学講義』にも同じような記述が見られる。

封建制度は廃止され、財産と個人の自由が根本原理となりました。すべての市民が、能力と力量さえあれば公務員になることができます。政治は官僚のおこなうところとなり、頂点にたつのは君主の個人的な決断です。すでにのべたように、最終決定はどうしても必要ですから。ただし、国家の法が安定し、組織がととのっていれば、国家の根幹にかかわる問題が、君主の個人的な決断によって大きく左右されることはありません。高邁な君

78・ヘーゲル『歴史哲学講義（下）』三七二頁

主をもつことは国民の大きなしあわせではあるが、力強い理性にささえられた大国にとっては、それがそれほど大きな意味をもたないのです。[*78]

さて、ここでは「決断」と「調整」という言葉が持つ重要な違いを指摘しておかなければならない。シュミットは民主主義を評価するなかで「決断」に重要な役割を与えていた。シュミットによれば、「主権者とは、例外状況にかんして決定をくだす者」[*79]であった。そして、法が停止する「例外状況」とはまさに戦争にほかならず、そこでだれが友なのか、だれが敵なのかを決定するのもまた主権者である。[*80]つまり、「決断」は友／敵という対立にかかわるのにたいして、「調整」は友／敵の対立を抑制する自由主義的な行為なのである。

しかし、ヘーゲルの言葉に反して、いまや天皇制がピリオドを打つだけの存在であることはできない。天皇制は「決断」ではなく「調整」によって、自由主義と民主主義の対立を抑制しようとする。天皇制のリベラル化とは、まさに天皇自身がリベラル・デモクラシー（自由主義と民主主義の「結婚」）の象徴として、その「結婚」の破綻を回避しようとする姿にほかならない。平成の天皇制が大きな影響力を持つようになったのは、自由主義と民主主義という異なる政治シ

79・C・シュミット『政治神学』田中浩＋原田武雄訳、未來社、一九七一年、一一頁
80・C・シュミット『政治的なもの概念』田中浩＋原田武雄訳、未來社、一九七〇年、三〇頁

ステムが両立しにくくなったからである。そして、これは、現在、世界共通の現象なのである。

ところで、比較文学者の小谷野敦《こやのあつし》の小説『とちおとめのババロア』には印象深い一節がある。フランス文学の研究者である純次が、お見合いサイトを通じて皇族の女性である雍子《ようこ》と出会い、結婚するまでの過程が描かれるが、小説の末尾近くに次のような一節がある。

結婚式は三月に神式で執り行われた。式が済むと、村井さんが、新たに作られた戸籍謄本の写しを持ってきてくれた。そこに「福鎌純次・雍子」とあるのを確認して、雍子は、

「やっと人権が手に入った」

とつぶやいたのだが、それは純次の耳にしか入らなかっただろう。[81]

腎盂炎《じんうえん》で入院した雍子が、皇族は国民健康保険に入れないために医療費が全額自己負担であることについて「人間扱いじゃないからね」[82]と話す場面もあ

81・小谷野敦『とちおとめのババロア』青土社、二〇一八年、九三−九五頁
82・小谷野『とちおとめのババロア』八五頁

る。小谷野は「天皇・皇族に基本的人権がないこと、法に定められた身分制であることから、人権思想とは矛盾する」[*83]と指摘し、天皇制の廃止を主張している。

現代の王室が取り組む「国際平和、福祉、環境、多文化主義などのテーマ」とはポリティカル・コレクトネスと呼ばれてしかるべきものだ。たとえば、二〇一八年一二月には外国人労働者の受け入れを拡大する入管法が改正されたが（五年間で最大約三四万五千人の受け入れを見込んでいる）、同月におこなわれた誕生日の記者会見で明仁は、日本における外国人労働者の増加にふれたうえで、「各国から我が国に来て仕事をする人々を、社会の一員として私ども皆が温かく迎えることができるよう願っています」と述べている。[*84]「外国人労働者を決して差別してはいけない」と天皇みずからがポリティカル・コレクトネスの徹底を叫ぶことで、EUやアメリカではすでに移民排斥としてあらわれている、自由主義と民主主義の対立の激化をあらかじめ鎮めようとしているわけだ。

しかし、そもそも基本的人権がない人間によって、ポリティカル・コレクトネスが主張され、実践されているわけである。また、原武史が指摘するように、天皇をはじめとした皇族は人権を剝奪されながらも、「その一方でさまざ

83・小谷野敦『天皇制批判の常識』洋泉社新書y、二〇一〇年、七頁

84・宮内庁「天皇陛下お誕生日に際し（平成30年）」http://www.kunaicho.go.jp/page/kaiken/show/25

まな特権を持って」おり、「東京の真ん中で自然に恵まれた広い家に住み、巨大な別荘が3つあり、御料牧場まであるなど、一般の人間が一生味わえない待遇を受けている存在」でもある。[*85] このような特別な待遇は、平等を求める民主主義の立場から見ても、矛盾にほかならない。天皇制は、生まれによる差別とともに、生まれによる特権を認める身分制度である。自由主義と民主主義のいずれにも反する制度によって、戦後民主主義（自由主義と民主主義の「結婚」）が成立しているのは、やはり矛盾であるといわざるをえない。「差別はいけない」とみんないうけれど、天皇制という身分制度からは都合よく目をそらし続けているのである。

85・原武史「米国は皇室に深く入り込んでいる」『論座』二〇一九年五月一一日
https://webronza.asahi.com/politics/articles/2019050600003.html?page=5

あとがき

ポリティカル・コレクトネスの汚名を肯定すること、ふたたび

「ポリティカル・コレクトネスってなんですか?」――ある当事者団体の代表に「いまPCの本を書いています」と話したときに返ってきた言葉である。その方は決して世情に疎いわけではないので、「なんだ、その横文字?」というのが世間一般の感覚なのだと思う。「セクハラだ!」「パワハラだ!」「ポリコレぅざい!」「PCの行き過ぎだ!」と毎日「炎上」しているTwitterやFacebookは、当たり前だが、世界のほんの一部にすぎないのである。とはいえ、そんな狭い世界で差別に反対しているようで、「安心」を求めて管理・監視社会の強化に邁進する自称「左派」にたいする不満が本書を書かせたといえる。

本書執筆中、マルクス主義者で劇作家のベルトルト・ブレヒト(一八九八―一九五六)をなんどか思い浮かべた。ドイツに生まれ、ナチスから逃れるためにアメリカに亡命したが、共産主義という政治信条ゆえに馴染むことができず、最後は東ドイツで生涯を終えたこの劇作家は、「異化効果 Verfremdungseffekt」という演劇理論で知られている。アリストテレス以来の西洋の演劇は、登場人物に感情移入させ、怒りや悲しみといった感情を観客に抱かせようとする。ブレヒトは、このような演劇手法を「感情同化」[*1]と批判し、観客が登場人物から

1・ブレヒト「実験的演劇について」『今日の世界は演劇によって再現できるか』千田是也訳、白水社、一九六二年、一二二頁

距離をとって批判的に眺めることを可能にする「異化」を提唱した。観客は「自分の世界から芸術の世界へと誘い込まれるのではなく、むしろ反対に、目ざめた感覚をもって自分の現実的な世界に連れていかれねばならない」[*2]からである。といっても、その手法は各場面のまえに「内容をしらせるタイトル」[*3]を出して、あえて「ネタバレ」するといったものだ。いまではさほどめずらしさを感じない演劇理論を思い浮かべた理由は、「異化」とはまさに差別批判のことだからである。

差別を差別として認識しない（できない）私たちにいかに差別を認めさせるか。これが反差別的な言説や運動が持たざるをえない困難だった。しかし、その困難ゆえに、反差別闘争とは、新しい差別を発見する／発見させるという、すぐれて創造的な行為ともなる。それは、ある意味で、私たちの日常の生活や風景を「異化」させる行為でもある。「異化」とはある出来事から「既知のもの、明白なものを取り去って、それに対する驚きや好奇心をつくりだすこと」[*4]だからである。

実際、評論家の津村喬《たかし》はブレヒトの「異化」を差別論として読みかえている。ブレヒトの演劇は「社会的な身ぶり」を「引用可能なように示」すこと

2・ブレヒト『今日の世界は演劇によって再現できるか』一二三頁
3・ブレヒト「俳優術の新しい技法に関する短い記述――異化的効果を生み出すための」『今日の世界は演劇によって再現できるか』一六〇頁
4・ブレヒト『今日の世界は演劇によって再現できるか』一二三頁

で、観客の無自覚な「社会的な身ぶり」に「否定的に介入する」[5]。その結果、「自分の日常的な身ぶりをかっこにいれ、〈異化する〉ことができる」[6]という。つまり、「異化」によって観客はみずからの「日常的な身ぶり」の差別性を発見できるというわけである。

津村のブレヒト論は、アメリカの哲学者ジュディス・バトラーの議論と比較可能であるように思われる。バトラーは、ポルノグラフィ（性差別表現）やヘイトスピーチ（人種差別表現）の法的規制にたいして、「政治的抵抗の意味は、告発行為に還元されるというリスクを背負うことになる」[7]と反対している。言語や行為の「引用性」・「反復性」[8]を重視するバトラーは、ヘイトやポルノを規制することで、「意味づけなおしの可能性」[9]が潰《つい》えることをおそれている。バトラーが「クィア（変態）」の例を出すように[10]、クィア・スタディーズがかつて差別語・侮蔑語であった「クィア」をあえて選択し、使用することで、新しい内実やイメージを与えたことはよく知られた事実である。つまりは「クィア」を「異化」したわけだ。

もちろん、ブレヒトも（津村やバトラーも）、「社会的身振り」を「ある一定の時代の人間が互いに置かれている社会的関係の表情的身振り的表現」[11]としてい

5・津村喬「ブレヒト・非《ナル》Aの詩人」『津村喬精選評論集――《1968》年以後』絓秀実編、論創社、二〇一二年、二三五頁
6・津村『津村喬精選評論集』二三六頁
7・ジュディス・バトラー『触発する言葉――言語・権力・行為体』青土社、二〇一五年、七九頁
8・バトラー『触発する言葉』七八頁
9・バトラー『触発する言葉』一〇九頁
10・バトラー『触発する言葉』二三－二四頁
11・ブレヒト『今日の世界は演劇によって再現できるか』一五六頁

て、いわゆる社会構築主義を免れているとはいいがたい。しかし、ブレヒトの「異化」にたいする考察は、生得的・選択的にかかわらず、そう簡単に消えさりはしないアイデンティティをどのように引き受けるか、という問題を示しているように思う。みずからの身ぶりに差別を発見することだけではなく、あるアイデンティティに「感情同化」することの危険性も教えているからだ。だが、このようなブレヒトの「異化」というテーマが、ヘイトやポルノの法規制批判の文脈において浮上したのは偶然とは思われない。

一九三七年から三八年にかけて、亡命ドイツ知識人による雑誌『言葉《ダス・ヴォルト》』誌上で「表現主義」論争がおこなわれた。ヒトラー支持を表明した、表現主義の代表的な詩人のゴットフリート・ベンへの批判がその端緒となり、表現主義の擁護派と批判派に分かれ論争が繰り広げられた。ここで興味深いのは、社会主義リアリズムの立場から表現主義を批判した哲学者ジョルジュ・ルカーチにたいするブレヒトの態度である。

ブレヒトは忠実な共産主義者だったが（そのため亡命先のアメリカを離れることになる）、表現主義を擁護し、ソ連公式の芸術様式であった社会主義リアリズムには否定的だった。交友が深かった思想家ヴァルター・ベンヤミンによれば、ブレヒトは「ソヴ《マ》ェー《マ》タロシアの抒情詩」について「あちら（＝モスクワ）の連中もなかなか楽ではな」く、「何しろ、一篇の詩の中にスターリンという名前が出てこないと、わざと出さなかったと見なされるのだからね」[*12]と述べたという。そして、論敵となったルカーチは「創作活動の敵」であり、「彼らはそもそも創作しようとは思わない。その筋の有力者面をして、他人を操縦しようと思うだけなのだ。彼らの批評は一々脅迫めいている」[*13]としている。「ルカーチは今「あちら」(＝モスクワ)で大変羽振りがいい」[*14]と書かれるように、ルカーチの批判がソ連の権威を笠に着たものだと認識されていたようである。たとえば、津村はここに「言語の官僚制の一典型たるスターリニズムにたいするブレヒトの呪詛《じゅそ》」[*15]を見ている。

すでに本文で指摘したように、「ポリティカル・コレクトネス」は、反差別闘争に取り組む「新しい社会運動」(新左翼)が、階級闘争に忠実な古臭い左翼(前衛党)を揶揄《やゆ》した言葉を、保守派が全体主義のイメージを利用して、リベラルな価値観や教育を攻撃するために、歪曲・流用したものであった。たいして、本書の立場は次のようなものだった。ポリティカル・コレクトネスという汚名を逆に好機としてとらえ、経済と差別というふたつの領域で平等を求める闘いをすべきだ。つまり、私たちは、ポリティカル・コレクトネスを大義とした、古臭い左翼であり、新しい左翼でもある、と。

しかし、「ポリティカル・コレクトネス」を全体主義のイメージに結びつけ

12・ベンヤミン「ブレヒトとの対話」『ヴァルター・ベンヤミン著作集9』石黒英男編集解説、晶文社、一九七一年、二一〇頁
13・ベンヤミン『ヴァルター・ベンヤミン著作集9』二一四頁
14・ベンヤミン『ヴァルター・ベンヤミン著作集9』二一六頁
15・津村『津村喬精選評論集』二二四頁

た保守派による攻撃は、ある点では真理を突いていたように思われる。その政治的主張や立ち位置はまったく異なるが、言論を政治思想によって統制するという点では、ポリティカル・コレクトネスも全体主義も同じだからだ。社会主義リアリズムにたいするブレヒトの呪詛は、まさにポリティカル・コレクトネスの徹底を叫ぶ左派にも当てはまる。「政治的に正しい」表現を求めて、「秩序ある社会」という「見かけ」を維持するために、法による規制やアーキテクチュアの設計によって、ヘイトスピーチ(差別表現)やポルノグラフィ(性表現)を、あらゆる公共空間から排除しようとする態度は、まさにスターリニスト(全体主義者)にほかならない。しかし、ブレヒトが偉大なのは、「言語の官僚制の一典型たるスターリニズム」に批判的でありながらも、共産主義という大義に忠実な、「政治的に正しい」人物だったことである。ブレヒトがこれらの問題に直面した一九三〇年代とはまさに、本書で繰り返し指摘した「自由主義」と「民主主義」の対立が激化した時代だったが、その対立の最中にはスターリニズム(官僚制)にたいする闘いもまた存在していたのである。ポリティカル・コレクトネスの汚名を肯定することは、スターリニズム(官僚制)の支配に手を貸すことではまったくないのである。

最後にいくばくかの謝辞を。編集者の赤井茂樹氏にお声がけいただいたのが、本書執筆のきっかけだった。氏とは同じ職場に編集者として机を並べたことがあったが、数多くの書籍を手がけてきた赤井氏の仕事ぶりを、著者として体験できたのは僥倖だった。本書が少しでも読むに値するものとなっていれば、それはひとえに赤井氏のおかげである。

綿野恵太

二〇一九年六月

綿野恵太　わたの・けいた

1988年大阪府生まれ。

元出版社勤務。

詩と批評『子午線』同人。

論考に「谷川雁の原子力」(『現代詩手帖』2014年8-10月)、

「原子力の神――吉本隆明の宮沢賢治」(『メタポゾン』11)、

「真の平等とはなにか? 植松聖と杉田水脈「生産性」発言から考える」

「「みんなが差別を批判できる時代」に私が抱いている危機感」

「大炎上したローラ「辺野古工事中止呼び掛け」をどう考えればよいか」

(以上三篇、いずれも「現代ビジネス」講談社)など。

「連続トークイベント 今なぜ批評なのか

――批評家・綿野恵太が、12人の知性に挑む」開催中。

「オルタナレフト論」を連載中(晶文社スクラップブック)。

「差別《さべつ》はいけない」とみんないうけれど。

発行日　2019年7月17日　初版第1刷
　　　　2020年10月2日　初版第5刷

著　者　綿野恵太

装　幀　寄藤文平・古屋郁美（文平銀座）
編　集　赤井茂樹

発行者　下中美都
発行所　株式会社 平凡社
　　　　〒101-0051　東京都千代田区神田神保町3-29
　　　　電話　(03)3230-6584［編集］
　　　　　　　(03)3230-6573［営業］
　　　　振替　00180-0-29639

印　刷　株式会社東京印書館
製　本　大口製本印刷株式会社
DTP　キャップス

ISBN978-4-582-82489-6
NDC分類番号361　四六判（18.8cm）　総ページ320

平凡社ホームページ　https://www.heibonsha.co.jp/